Die Oberbergpolizeilichen Vorschriften

für das

Königreich Bayern

vom 30. Juli 1900.

Textausgabe mit ausführlichem Sachregister.

München 1901.
J. Schweitzer Verlag (Arthur Sellier.)

Oberbergpolizeiliche Vorschriften.

K. Staatsministerium des Innern.

Das k. Staatsministerium des Innern erläßt auf Grund der Art. 230 und 231 des Berggesetzes für das Königreich Bayern in der Fassung der Bekanntmachung vom 20. Juli 1900 zur Verhütung von Gefahren für Personen und Eigenthum beim Bergbau nachstehende Vorschriften:

I. Schutz der Oberfläche.

§ 1.

Jede Neuanlage oder Wiedereröffnung eines unterirdischen Betriebes ist mindestens einen Monat zuvor der Berginspektion anzuzeigen. Das Gleiche gilt für die Einstellung des Betriebes. Muß dieser mit kürzerer Frist eingestellt werden, so ist die Anzeige binnen längstens zwei Wochen nach erfolgter Betriebseinstellung nachzutragen. (Art. 67 und 72.)

§ 2.

Tagebaue sind gegen angrenzende Wege und Wohnplätze durch mindestens 1 Meter hohe, starke Einfriedigung abzusperren.

Werden Sprengarbeiten vorgenommen, so müssen vor dem Schießen die vorbeiführenden Wege von der Mannschaft derart besetzt werden, daß andere Personen nicht ungesehen und ungewarnt in die Nähe des Arbeitsortes gelangen können.

§ 3.

Alle Oeffnungen und Zugänge der Schächte, Aufzüge, Bremsberge und anderer Betriebsanlagen über Tage sind derartig abzusperren, daß Niemand ohne eigene Schuld hinabstürzen oder sonst Schaden durch dieselbe erleiden kann.

Bei jeder wenn auch nur zeitweiligen Einstellung des Betriebes eines Bergbaues müssen alle Zugänge in denselben gegen jede Gefahr für Menschen und Thiere versichert werden.

§ 4.

Sicherheitspfeiler, welche zum Schutz von Ortschaften, Flüssen, Landstraßen und anderen öffentlichen Anlagen behördlich vorgeschrieben wurden, dürfen nicht ohne behördliche Genehmigung geschwächt oder durchörtert werden.

§ 5.

Nähern sich Grubenbaue — mit Einschluß von Tagebauen — Eisenbahnen, öffentlichen Wegen, Gebäuden, Wasserläufen, Wasserreservoiren und andern Tagesgegenständen, deren Beschädigung die persönliche Sicherheit über oder unter Tage oder den öffentlichen Verkehr gefährden würde, so ist, soweit die Sicherung derselben nicht bereits durch den Betriebsplan vorgesehen war, unter Ergänzung des Betriebsplanes der Berginspektion hievon ungesäumt Anzeige zu machen.

§ 6.

Sind in Folge des Grubenbetriebes Anzeichen für Senkungen oder Tagebrüche vorhanden, durch welche die Sicherheit der Personen oder des öffentlichen Verkehrs gefährdet werden kann, so hat der Bergwerksbesitzer dem Besitzer oder Verwalter des betreffenden Grundstückes von der vorliegenden Gefahr alsbald Nachricht zu geben.

Die gefahrdrohenden Stellen, sowie bereits eingetretene Tagebrüche sind vom Bergwerksbesitzer dauernd und sicher zu verwahren, und ist das Verbot des Betretens der abgesperrten Fläche durch Warnungstafeln ersichtlich zu machen.

Bei zeitweiser oder dauernder Einstellung eines unterirdisch betriebenen Bergwerkes hat der letzte Besitzer desselben geeignete Vorkehrungen zu treffen, um die Oberfläche gegen die Gefahr für Personen oder den öffentlichen Verkehr sicher zu stellen.

§ 7.

Das planmäßige Zubruchebauen der Oberfläche, worunter das aus Betriebszwecken absichtlich herbeigeführte vollständige Niederziehen der Oberfläche verstanden wird, ist nur unter der Voraussetzung gestattet, daß der Nachweis der vorausgegangenen Einigung mit dem beteiligten Grundeigenthümer bezw. der im Enteignungsverfahren erlangten Berechtigung zu einer solchen Benützung von fremdem Grund und Boden erbracht ist.

§ 8.

Es ist thunlichst alles zu vermeiden, was zu Haldenbränden Veranlassung geben kann. Insbesondere dürfen glühende Schlacken und Aschenhaufen weder auf Kohlengebirgshalden noch in die Nähe von solchen oder von Gebäuden abgestürzt werden.

Brennende Halden sind, insoweit es die örtliche Lage erfordert, durch Einfriedigung abzusperren; die daran vorbeiführenden Wege sind mit Warnungstafeln zu versehen.

§ 9.

Die aus den Gruben und Aufbereitungsanstalten abfließenden Wasser dürfen nur in thunlichst geklärtem Zustande in öffentliche Gewässer eingeleitet werden.

II. Sicherung der Grubenbaue.

§ 10.

Jede Schachtanlage ist, soweit es die Gebirgsbeschaffenheit erfordert, durch hinreichenden Ausbau und genügende Schachtpfeiler sicher zu stellen.

Letztere dürfen nur mit bergbehördlicher Genehmigung geschwächt oder abgebaut werden.

§ 11.

Bei Steinkohlengruben und auf Verlangen der Berginspektion auch auf anderen Bergwerken ist in regelmäßigen Zeitabschnitten unter Leitung des speciell mit der Schachtüberwachung betrauten Bediensteten durch die Schachtzimmerleute eine Untersuchung der Hauptschächte vorzunehmen.

Der Berginspektor hat zu entscheiden, auf welchen Schächten und in welchen Zeitabschnitten diese regelmäßigen Schachtrevisionen stattzufinden haben.

Förderschächte, welche zur Seilfahrt benützt werden, müssen unter allen Umständen mindestens allwöchentlich untersucht werden.

Ueber diese Untersuchungen ist ein besonderes Buch zu führen, welches die Namen der damit beauftragten Personen, den Befund, im Falle besonderer Anordnungen des Betriebsleiters auch die Angabe über Art und Zeit der Ausführung, endlich das Datum des Eintrags enthalten muß.

§ 12.

Sämmtliche Grubenbaue müssen bei der Anlage gegen ein Hereinbrechen des Gesteins oder der Kohle hinreichend sicher gestellt und ebenso wie die dazu gehörigen Vorrichtungen für den Verkehr, so lange sie sich in Benützung befinden, in sicherem Zustande unterhalten werden.

Gefahrdrohende Ueberhänge sind auf geeignete Weise gegen vorzeitiges Hereingehen zu verwahren.

§ 13.

Alle Schächte, Gesenke, Rolllöcher, Lichtlöcher, Bremsberge und dergl. sind an ihren Mündungen und Zugängen, sei es über oder unter Tage, derartig zu verwahren, daß Niemand ohne Verschulden in dieselben hineinstürzen kann.

Unbefugten ist das Oeffnen oder Besteigen solcher Verschlüsse untersagt.

Diejenigen, welche zum Zwecke des Betriebes solche Verschlüsse geöffnet oder beseitigt haben, sind verpflichtet, dieselben nach Erreichung des Betriebszweckes sofort in der früheren Weise wiederherzustellen.

Münden solche Grubenbaue direkt in eine Förderstrecke ein, so ist die Befahrung der letzteren durch geeignete Vorrichtungen (Verschläge, Umbruchörter) sicher zu stellen.

§ 14.

Alle Tagschächte müssen alsbald nach ihrer Anlage mindestens mit einer verschließbaren Kaue überbaut oder in sonst geeigneter Weise dergestalt abgesperrt werden, daß Unbefugte in die Grubenbaue ohne Anwendung von Gewalt oder Uebersteigen nicht gelangen können.

Stollen, Tagstrecken und Schachtgebäude sind, sobald darin regelmäßiger Verkehr nicht stattfindet, verschlossen zu halten, andernfalls aber mit Warnungstafeln zu versehen, durch welchen Unbefugten der Zutritt verboten wird.

§ 15.

Gezähstücke, Holz, Steine und andere lose Gegenstände dürfen nur in solcher Entfernung von Schächten, Bremsbergen, Gesenken zc. niedergelegt und geduldet werden, daß ein Hinabfallen derselben in letztere nicht erfolgen kann.

§ 16.

Alle Betriebe, mit welchen voraussichtlich die Grenzen von Sicherheitspfeilern oder alte unzugängliche Baue und Wassersäcke gelöst werden, sollen auf Grund der Angaben des Markscheiders ausgeführt werden.

§ 17.

Sind Durchschläge mit dem alten Mann oder nicht zugänglichen Grubenbauen zu erwarten, so ist in jedem Falle vorzubohren.

Handelt es sich aber um die Lösung von Grubenbauen, welche voraussichtlich mit Wasser oder schädlichen Wettern gefüllt sind, so ist außerdem dem Berginspektor Anzeige zu erstatten, welcher die zur Verhütung eines unerwarteten Durchbruches, zur Benutzung eines geeigneten Fluchtweges und zur Sicherstellung der auf benachbarten Bauen angelegten Arbeiter von der Betriebsleitung eingeleiteten Vorkehrungen zu prüfen, und insoweit es angezeigt erscheint, durch entsprechende Anordnungen abzuändern oder zu vervollständigen hat.

Ueber den Vorbohrbetrieb sind Aufzeichnungen zu führen, aus welchen der jeweilige Stand der Bohrarbeiten ersehen werden kann.

Die in Absatz 2 vorgeschriebene besondere Anzeige an den Berginspektor wird durch Erwähnung des betreffenden Betriebes in dem an die Berginspektion eingereichten Betriebsplane nicht ersetzt.

§ 18.

Sind bei einer Grube diejenigen Hölzer und sonstigen Materialien, welche zum sicheren Betriebe unbedingt notwendig erscheinen, nicht vorhanden, so kann der Berginspektor die Einstellung des Grubenbetriebes bis nach Beschaffung des Erforderlichen anordnen.

§ 19.

Münden Schächte oder Stollen, durch welche die Wetter einziehen, in der Nähe von brandgefährlichen Objekten, so müssen solche Anordnungen getroffen sein, daß beim Ausbruch eines Brandes die Fortpflanzung des Feuers sowie das Einziehen der Brandgase in die Grube möglichst verhindert wird.

Insoferne Wasserleitungen mit ausreichendem Drucke nicht zur Verfügung stehen, muß für das Vorhandensein jederzeit brauchbarer und leicht erreichbarer Feuerlöschvorrichtungen Sorge getragen werden.

§ 20.

Das Einhängen von Gefäßen mit brennenden Stoffen zum Zwecke des Wetterwechsels rc. ist nur unter Anwendung der nöthigen Vorsicht und bei steter Beaufsichtigung gestattet.

Mit Ausnahme des in unterirdischen Feuerungsanlagen oder in Feuerkörben zu unterhaltenden, sowie sonst zu Betriebszwecken unumgänglich nothwendigen Feuers ist das Anmachen und Unterhalten von offenem Feuer in den Grubenbauen untersagt.

Wird der Betrieb unterirdischer Feuerungsanlagen unterbrochen, so haben die dieselben bedienenden Arbeiter sich nicht eher zu entfernen, als bis sie die Gewißheit erlangt haben, daß deren Feuer völlig verlöscht ist.

Alles leichtsinnige Gebahren mit Feuer im Innern von Schachtgebäuden und Kauen oder in deren unmittelbarer Nähe ist strengstens verboten.

Grubenlichter sind stets derart aufzuhängen, daß eine Entzündung brennbarer Stoffe durch sie nicht erfolgen kann.

Brennende Dochtstücke dürfen nicht weggeworfen werden, sondern sind zuvor abzulöschen.

Massen, welche erfahrungsgemäß zur Selbstentzündung in der Grube geneigt sind, dürfen niemals zur Verfüllung von Grubenbauen in die Grube eingeführt werden.

Grubenbrände sind der Berginspektion ungesäumt zur Anzeige zu bringen.

III. Fahrung.

§ 21.

Auf jedem Bergwerke, in welchem die Befahrung nicht ausschließlich durch Stollen oder einfallende Strecken stattfindet, muß mindestens ein von allen Punkten des Grubengebäudes ohne Gefahr erreichbarer, mit Fahrten versehener, Schacht vorhanden sein.

§ 22.

Für jede in Abbau stehende Kohlengrube müssen zwei gut fahrbare Tagausgänge vorhanden sein, welche dergestalt von einander unabhängig sind, daß es der gesammten, auf den verschiedenen Sohlen und in den einzelnen Bauabtheilungen befindlichen Belegschaft beim Unfahrbarwerden des einen Weges möglich bleibt, durch den anderen die Tagesoberfläche zu erreichen.

Bei den sonstigen, in Abbau stehenden unterirdischen Betrieben ist für einen zweiten Tageausgang zu sorgen, sobald dies durch die Verhältnisse erforderlich erscheint, worüber die Berginspektion entscheidet.

Der Berginspektion ist Anzeige zu erstatten, wenn der zweite fahrbare Tageausgang verloren geht oder das Aufgeben desselben in den nächsten drei Monaten beabsichtigt oder befürchtet wird.

Bei Anlage einer neuen Sohle ist zugleich auch auf die baldige Herstellung einer Verbindung mit dem zweiten Tagausgange Bedacht zu nehmen.

§ 23.

Das Ein- und Ausfahren der Mannschaft darf nur in den zur Fahrung bestimmten Stollen, Strecken und Schächten erfolgen.

Das Befahren anderer Strecken, Schächte oder Bauabtheilungen ist nur dem einschlägigen Aufsichtspersonal sowie den von diesem besonders hiezu ermächtigten Personen gestattet.

§ 24.

Fahrschächte müssen dergestalt mit Fahrten oder Treppen ausgerüstet sein, daß ein sicheres Einsetzen des Fußes stattfinden kann.

Die Fahrten dürfen nie überhängen und in Schächten, welche mehr als 20 Meter Teufe haben, nicht seiger gestellt sein, sondern müssen immer einige Tonnlage besitzen.

Da, wo die Fahrten nicht sofort fest eingebaut werden können, müssen sie wenigstens in tüchtige Fahrthaken eingehängt werden.

§ 25.

In allen Fahrschächten von mehr als 65 Grad Neigung müssen in Abständen von höchstens 10 Meter Ruhebühnen angebracht sein.

Wo dies nicht thunlich erscheint, sind wenigstens auf gleiche Entfernungen Ruhesitze im Hangenden oder zur Seite der Fahrt anzubringen.

§ 26.

Ueber der Hängebank sowie über jeder Ruhebühne muß entweder die Fahrt 1 Meter hervorragen, oder wo dies nicht thunlich ist, müssen eiserne Klammern oder Stangen angebracht werden, an welchen die Fahrenden sich festhalten können.

§ 27.

Flache Fahrten, Treppen und Fahrsteige sind mit Handstangen oder Anhaltseilen zu versehen.

Drahtseil- und Kettenfahrten dürfen nur provisorisch in Verwendung kommen und dürfen nicht länger als 8 Meter sein.

Steigbäume dürfen nur in Verhauen und provisorischen Anlagen in Verwendung kommen. Mehr als 8 Meter hohe, oder schlecht befestigte oder abgetretene Stufen zeigende Steigbäume dürfen nicht geduldet werden.

§ 28.

Bildet ein Fahrschacht nur eine Abtheilung eines auch zu anderen Zwecken dienenden Schachtes, so ist er von den übrigen Abtheilungen durch Einstriche und Verschalung derartig abzuscheiden, daß die Fahrenden vor Beschädigung gesichert sind.

Dient in kleinen Schächten der Förderraum zugleich als Fahrschacht, so ist das Fahren während der Förderung gänzlich untersagt.

§ 29.

Wo der Gebrauch von Holzpantoffeln in der Grube üblich ist, darf deren Benützung bei Fahrten in Schächten nur mit Genehmigung der Berginspektion unter den vorher vorgeschriebenen Vorsichtsmaßregeln fernerhin stattfinden. Das Mitnehmen von größeren Gezähstücken ist verboten. Kleinere Gezähstücke müssen in verschlossenen Ledertaschen getragen werden.

Die Fahrschächte sind möglichst rein und eisfrei zu erhalten.

§ 30.

Die Benützung des Förderseiles zum Ein- und Ausfahren auf beladenen Fördergefäßen ist unbedingt untersagt. Dagegen kann die Betriebsleitung in geeigneten Fällen das Fahren in der leeren Tonne oder auf dem Förderkorb ausnahmsweise gestatten.

Auf Haspelschächten ist die Benützung des Seiles zur Ein- und Ausfahrt nur mit spezieller Genehmigung der Berginspektion gestattet.

§ 31.

Die Benützung des Seiles zur Mannschaftsförderung (Seilfahrt) bedarf der ausdrücklichen Erlaubniß der Berginspektion, welche die Bedingungen und erforderlichen Sicherheitsmaßregeln nach Vernehmung des Werksbesitzers bezw. der Betriebsleitung festzusetzen hat.

Von dieser Erlaubniß darf erst Gebrauch gemacht werden, wenn die Ausführung der Bedingungen und Sicherheitsmaßregeln an Ort und Stelle geprüft und die Benützung der Seilfahrt von der Berginspektion für zulässig erklärt worden ist.

Dem Gesuche um Genehmigung zur Seilfahrt sind Zeichnung und Beschreibung der in Betracht kommenden Einrichtungen beizufügen.

§ 32.

Die Befestigung des Förderseiles am Seilkorb, die Seilscheibe, der Förderkorb und die Verbindungsstücke zwischen diesem und dem Förderseil, sowie letzteres selbst sind auf ihre Haltbarkeit täglich vor der Benützung zur Seilfahrt von einer damit betrauten zuverlässigen Person zu untersuchen, und es muß dabei das Seil vor deren Augen wenigstens einmal im Schachte langsam auf- und abgewunden werden.

§ 33.

Der Wärter, welcher die bei der Seilfahrt benützte Maschine lenkt, ist für die Beobachtung der vorgeschriebenen Sicherheitsmaßregeln, soweit sie sich auf den Betrieb der Maschine beziehen, verantwortlich.

§ 34.

Bei den jedesmaligen Ein- und Ausfördern der Belegschaft muß ein zuverlässiger Aufseher zugegen sein, welcher für die Aufrechthaltung der Ordnung, besonders bei dem Ein- und Aussteigen verantwortlich ist, und dessen Anordnung alle Fahrenden Folge zu leisten haben.

§ 35.

Die zur Seilfahrt benützten Schachtabtheilungen und die Schachtleitungen sind in vollständig sicherem Zustande zu erhalten und müssen wenigstens einmal wöchentlich einer genauen Untersuchung unterworfen werden. Die entdeckten Mängel sind sofort zu beseitigen; ehe dies geschehen, darf keine Seilfahrt stattfinden.

Ueber den Befund und die Ausführung von Reparaturen ist in dem nach § 11 zu haltenden Schachtbuche entsprechender Eintrag zu machen.

§ 36.

Die Betriebsleitung hat die mit der Untersuchung der Seilfahrtseinrichtungen, der Maschinenführung, der Aufrechterhaltung der Ordnung bei der Seilfahrt sowie auch die mit der Schachtrevision betrauten Personen mit entsprechenden, von der Berginspektion zu bestätigenden Instruktionen zu versehen.

§ 37.

Die Namen der unter §§ 32—35 bezeichneten Personen sowie die bei der Seilfahrt zu befolgende Fahrordnung müssen stets im Schachthause angeschlagen sein.

§ 38.

Alle in Betrieb stehende Bremsberge und Flachschächte, die für mehr als Einen Betriebspunkt vorgerichtet sind, müssen mit besonderen Fahrüberhauen oder Fahrabtheilungen versehen sein, so daß die Arbeiter nicht gezwungen sind, in den Förderabtheilungen oder durch dieselben zu fahren.

Die Fahrabtheilungen, die sich in den Bremsbergen und Flachschächten selbst befinden, sind gegen die Förderabtheilung so zu verschlagen, daß die Fahrenden vor Beschädigung sicher sind.

Bei zweiflüglichen Bremsschächten 2c. sind auch zwei Fahrüberhauen herzustellen oder es sind behufs Verbindung der gegenüberstehenden Schachtseiten entsprechende Umbruchörter anzulegen.

§ 39.

Das Befahren und Ueberschreiten der Förderabtheilungen in Bremsbergen und Flachschächten ist nur den Aufsichtsbeamten sowie den von der Betriebsleitung damit besonders beauftragten Personen gestattet.

Während solcher Befahrungen ist die Förderung einzustellen.

Belegte Uebersichbrechen oder Aufbrüche dürfen erst dann befahren werden, wenn auf den Ruf „Aushalten“ zustimmende Antwort erfolgt ist.

§ 40.

Sollen Strecken mit mechanischer Förderung gleichzeitig zum Fahren benutzt werden, so sind dieselben entweder mit besonderer Fahrabtheilung oder, soweit es sich um eingeleisige Strecken handelt, mit einer genügenden Anzahl von Ausweichestellen zu versehen.

Wo diese Bestimmung nicht durchführbar ist, sind unter Zustimmung der Berginspektion besondere Anordnungen für die Befahrung zu treffen.

IV. Förderung.

§ 41.

Bei der Förderung in Schächten, Gesenken, Brems- und Haspelschächten ist die Verbindung zwischen Förderseil und Fördergefäß oder Förderkorb so herzustellen, daß eine zufällige Lösung derselben nicht stattfinden kann.

§ 42.

Die Haspel über Ziehschächten (Haspelschächten) müssen mit Hängekappen und Wehrstangen, ferner mit Vorsteckern und bei mehr als 20 m Schachttiefe auch mit Bremsen versehen sein.

Die über die Sohle der Hängebank mindestens 8 Centimeter hervorragende Hängekappe (Bodenleiste) soll dem Fuße, die Wehrstange der Hand des Abziehers (Anschlägers) eine sichere Stütze bieten.

Auch sind die Haspel so einzurichten, daß der Rundbaum weder nach Oben ausspringen, noch bei einem Zapfenbruche fortfallen kann.

§ 43.

An allen Anschlagspunkten müssen zweckentsprechende Füllörter vorhanden sein.

Die Schachtmündungen sind so einzurichten, daß das Abziehen und Einhängen der Fördergefäße ohne Gefahr für die an der Hängebank und am Füllort beschäftigten Arbeiter erfolgen kann.

Bei Schächten von einiger Weitschaft sind den Anschlägern Haken zum Herüberziehen der Fördergefäße zuzutheilen.

Bei der gewöhnlichen Förderung ist vor der Schachtmündung eine Barriere (Querstange) anzubringen, welche dem Anschläger (Abzieher) als Halt und Stütze dient, ohne das Durchschieben der Fördergefäße zu hindern.

In allen Fällen, in denen eine mündliche Verständigung zwischen Anschlagssohle und Hängebank nicht mehr möglich ist, jedenfalls aber bei mehr als 40 m Teufe, müssen Signalvorrichtungen vorhanden sein.

Die Füllörter, von welchen regelmäßige Schachtförderung geht, und Nachts die Hängebänke, sind während der Förderung durch ständige Lampen gut erleuchtet zu halten.

§ 44.

Zur Sicherung der beim Schachtabteufen auf der Sohle beschäftigten Arbeiter sind, soweit es die Raumverhältnisse gestatten (bei vorhandener Fahrabtheilung), Bühnen anzubringen, welche geeignet sind, den Arbeitern gegen das Herabfallen von Gegenständen während der Förderung Schutz zu gewähren.

Die Fördergefäße dürfen beim Abteufen nur bis zu einer Handbreite unter dem Rande gefüllt werden.

Die beim Abteufen zur Ein- und Ausförderung gelangenden Materialien und Gezähe müssen, falls sie über den Rand des Fördergefäßes hinausragen, an das Seil befestigt werden.

§ 45.

Beim Einhängen und Ausfördern von Holz- und Maschinentheilen in Schächten ist insbesondere für sichere Befestigung am Seile und für Bremsvorrichtungen zu sorgen.

Kabel, welche zum Einbau von Pumpen oder zum Herablassen schwerer Stücke verwendet werden, müssen mit Bremse, Sperrklinken und doppeltem Eingriff (zwei Räder und zwei Getriebe für dasselbe Vorgelege) versehen sein.

§ 46.

Bei der Gestellförderung in Treibschächten (Fördermaschinenschächten) sind die Fördertrümmer an den Hängebänken wie an den Füllörtern sämmtlicher Sohlen mit beweglichen Abschlüssen zu versehen, welche nur beim Abziehen und Einhängen geöffnet werden dürfen.

Wo besondere Anschläger (Abzieher) nicht angestellt sind, müssen diese Verschlüsse selbstthätig eingerichtet sein.

Außerdem muß bei der gewöhnlichen Förderung eine Barriere vorhanden sein, welche dem Abzieher zur Stütze dient, ohne das Durchschieben der Förderwagen zu hindern.

§ 47.

Bei der Gestellförderung in Treibschächten müssen an den Hängebänken und in denjenigen Sohlen, von welchen aus regelmäßige Schachtförderung stattfindet, Aufsatzvorrichtungen vorhanden sein.

Bei Anwendung von Fördertonnen muß unter der betreffenden Anschlagsohle der Schacht durch Schachtdeckel geschlossen und die Tonne auf mit Handhaben versehene Ueberstecker aufgesetzt werden.

§ 48.

Die Fördermaschine muß mit entsprechenden Sicherheitsvorrichtungen ausgerüstet sein und zwar:

a) mit Bremsvorrichtungen, welche auf die Seilkorbachse wirken;
b) mit Signalvorrichtungen, welche gestatten, von dem Anschlagpunkte zur Hängebank und von dieser zum Maschinenraume Zeichen zu geben;
c) mit einem Teufenzeiger, welcher den augenblicklichen Stand der Förderkörbe im Schachte kundgibt;
d) mit einem Warnglockenapparat, welcher die Annäherung des aufgehenden Förderkübels an die Hängebank anzeigt;
e) mit Vorrichtungen, welche geeignet sind, das Zuhochtreiben des Förderkorbes zu verhindern und eventuell denselben abzufangen.

Für bestehende Anlagen, welche zur Seilfahrt nicht benutzt werden, können hinsichtlich der Bestimmungen unter Lit. d und e Ausnahmen gestattet werden.

§ 49.

Die Seilstärke soll einer sechsfachen Sicherheit entsprechen.

Die Bordrände des Seilkorbes sollen so hoch sein, daß ein Uebersteigen des Seiles auch bei schlechten Auflaufen als ausgeschlossen erscheint.

Für die Höhe zwischen Hängebank und Seilscheibe ist die Seilgeschwindigkeit bezw. der Seilkorbdurchmesser maßgebend.

§ 50.

Für jede Förderung in Treibschächten ist eine Signalordnung aufzustellen. Tafeln, auf welchen die Bedeutung der Signale erklärt ist, sind im Maschinenraum, an der Schachthängebank und an den Anschlagepunkten anzubringen.

§ 51.

Die Bremswerke müssen kräftig konstruiert, fest verlagert, selbstwirkend, und so eingerichtet sein, daß sie von dem Bremser in völlig gesicherter Stellung gehandhabt werden können.

In Bremsbergen von solcher Höhe, daß eine deutliche Verständigung durch Zuruf nicht mehr möglich ist, sind zweckentsprechende Signalvorrichtungen anzubringen.

Münden Bremsberge unmittelbar in eine Förderstrecke ein, so muß letztere durch Verschläge oder Prellbühnen gesichert, oder verumbrucht werden.

§ 52.

Am Kopfe derjenigen Bremsberge, in welchen die Fördergefäße nicht auf Gestelle geschoben, sondern unmittelbar an's Seil angeschlagen werden, ist eine Vorrichtung (Barriere 2c.) anzubringen, welche ein Durchgehen der Fördergefäße verhindert.

Die Geleise am Fuße des Bremsberges sollen nie derart in die einer Förderstrecke übergehen, daß die letzteren eine unmittelbare Fortsetzung der ersteren bilden.

Ist dies ausnahmsweise erforderlich, so muß am unteren Ende des Bremsberges eine Geleisesperre angeordnet werden, welche während der Bremsförderung geschlossen bleibt.

§ 53.

Die Zugänge der Strecken zu den in Betrieb stehenden Bremsbergen müssen mit beweglichen Verschlüssen versehen sein in solcher Höhe, daß die Fördergefäße nicht unter denselben hindurchgeschoben werden können.

Jeder, der einen solchen Verschluß geöffnet hat oder offen findet, hat denselben, bevor er den Zugang verläßt, wieder zu schließen.

In den Bremsbergen mit 30 Grad oder mehr Gefälle sind überdies an diesen Zugängen überall feste Spreizen oder Jöcher oder andere zweckentsprechende Verschlußvorrichtungen anzubringen, welche das Durchschieben der Förderwagen auf das Bremsgestelle gestatten, den durchgehenden Wagen aber im Kippen auffangen und dadurch den Schlepper vor dem Absturz bewahren.

§ 54.

Als Bremser sollen ausschließlich nur zuverlässige Bergleute angestellt werden, deren Anordnung beim Bremsschachtbetrieb

Folge zu leisten ist. Vor Beginn der Schicht haben sich dieselben von dem genauen Schließen der Bremsbacken sowie von dem richtigen Funktioniren der Bremsvorrichtungen zu überzeugen.

Das Feststellen oder Aufhängen des gelüfteten Bremshebels ist verboten.

Im Falle die Hauer oder Schlepper das Abbremsen der Fördergefäße selbst zu besorgen haben, muß die Bremsvorrichtung von jedem Anschlagspunkte aus leicht und so gehandhabt werden können, daß der Hauer oder Schlepper nicht genöthigt ist, in den Bremsberg selbst zu treten.

§ 55.

Das Betreten des Bremsberges während der Förderung ist unbedingt verboten. Ist das Signal zum Gang des Bremswerkes gegeben, so darf Niemand in oder unter dem Bremsberg sich aufhalten.

§ 56.

Das Wiedereinrichten eines entgleisten Förderkorbes, Wagens oder Gegengewichts, eine Veränderung der Belastung des letzteren, ein Kürzen oder Längen des Seiles darf erst erfolgen, nachdem sowohl der Förderkorb bezw. der Förderwagen sowie das Gegengewicht gegen das Durchgehen gesichert sind. In gleicher Weise ist zu verfahren, wenn der Förderkorb behufs anderweitiger Beladung betreten werden muß.

§ 57.

Für die Handförderung auf Strecken gelten nachstehende Vorschriften:

1. Freie Förderung ist in der Regel nur auf Strecken mit höchstens 5 Prozent Gefälle gestattet.
2. Ist auf geneigter Bahn der Schlepper nicht jederzeit im Stande, den Förderwagen zu halten, so muß dieser gebremst werden.
3. Die Schlepper dürfen mit ihren Förderwagen nur in Abständen von 15 Meter auf geneigter und von 10 Meter auf söhliger Bahn folgen.
4. Werden von einem Schlepper gleichzeitig mehrere Wagen gestoßen, so müssen diese gekuppelt werden; das Kuppeln darf nur beim Stillstand geschehen.
5. Den Schleppern ist verboten, beim Abwärtsfördern auf geneigter Bahn vor dem Förderwagen zu fahren oder dieselben frei laufen zu lassen; es ist denselben ferner verboten, sich während der Förderung auf Fördergefäße zu setzen, zu legen, oder zu stellen.
6. Stillstehende Förderwagen müssen auf geneigter Bahn stets festgelegt werden.
7. Das Licht des Schleppers muß den entgegenkommenden Personen stets sichtbar sein.

8. Zimmerholz muß derart auf den Förderwagen verladen werden, daß es von selbst nicht herabfallen kann.
9. Bei Krümmungen, Wechseln, sowie beim Anstoß an einen anderen Wagen oder einen stehenden Zug ist langsam zu fahren
10. Bei niederen Förderstrecken ist in geeigneter Weise vorzukehren, daß Verletzungen der Hände beim Fördern vermieden werden.
11. Während des Füllens darf in Füllbänke und aus Uebersichbrechen nicht gestürzt werden. Beginn und Ende des Füllens ist durch Zuruf anzuzeigen.
12. In Förderstrecken, deren Sohle unter Wasser steht, muß Tragwerk mit festliegenden Laufbrettern vorhanden sein.

§ 58.

Bei der Pferdeförderung hat der Fuhrmann mit brennender Lampe neben dem Pferde oder, wenn dies nicht möglich ist, vor dem Pferde zu gehen. Das Einsetzen des Fuhrmannes ist nur in dem ersten Wagen und in diesem auch nur, wenn er leer ist, und unter der Bedingung gestattet, daß das Pferd mit dem Zügel gelenkt wird und mit einem Lichte versehen ist.

Auch ist am letzten Wagen jedes Zuges eine brennende Lampe anzubringen.

Ist bei eingeleisigen Pferde-Förderstrecken nicht so viel Platz vorhanden, daß die fahrenden Personen vorbeifahrenden Zügen ausweichen können, so müssen in Abständen von höchstens 60 Meter dazu Ausweichstellen (Nischen) angebracht werden.

Unter Berücksichtigung lokaler Verhältnisse kann die Berginspektion auf besonderen Antrag einzelne Abweichungen von den Vorschriften der §§ 57 und 58 gestatten.

§ 59.

In Strecken, in welchen maschinelle Förderung mittels Seil oder Kette stattfindet, sind Signalvorrichtungen anzubringen, mittels deren von jedem Punkt der Strecke aus dem Maschinenwärter Zeichen gegeben werden können.

§ 60.

Laufbrücken zur Förderung über Tag sind mit festem Bodenbelege und Geländer zu versehen. Letzteres muß wenigstens aus Stangen und Seilen bestehen, welche sowohl in Höhe von 40 cm als auch von 80 cm anzubringen sind. Am Fuße des Geländers müssen Bodenleisten angebracht sein.

Laufbrücken, welche Förderbahnen, öffentliche Wege 2c. übersetzen, sind so zu verwahren, daß Niemand durch abfallendes Material beschädigt werden kann.

Auslaufbahnen auf Halden sind an ihren Enden mit Vorrichtungen zum Aufhalten der Wagen zu versehen.

Obertägige Fördergerüste und Rüstungen aller Art, auf und unter welchen Personen verkehren, sind öfters auf ihren Bauzustand zu untersuchen und an schadhaften Stellen alsbald auszubessern.

V. Wetterführung.

§ 61.

Alle in Fahrung oder Belegung stehenden Grubenbaue sind mit frischen Wettern derart zu versorgen, daß das Geleucht gut brennt, das Athmen beschwerdefrei erfolgt und Leben und Gesundheit der Arbeiter nicht durch Ansammlung schädlicher Luftarten gefährdet oder durch zu hohe Wärme beeinträchtigt wird.

Soweit hiezu der natürliche Wetterzug nicht ausreicht, muß dem Bedürfniß durch künstliche Einrichtungen entsprochen werden.

Leuchtstoffe, welche bei der Benutzung in Lampen ohne Cylinder die Wetter besonders verschlechtern (Petroleum oder Gemisch von Petroleum und Rüböl) dürfen in solchen Lampen nicht verwendet werden.

§ 62.

Tritt eine Unterbrechung oder wesentliche Störung in der Wetterversorgung der Grube oder Grubenabtheilung ein, oder wird die Beschaffenheit der Wetter durch Entwicklung schädlicher Gase in bedenklicher Weise beeinträchtigt, so ist sofort die Mannschaft aus den betreffenden Grubenbauen, nach Lage des Falles aber aus der Grubenabtheilung oder der ganzen Grube zurückzuziehen.

Die hienach verlassenen Grubenbaue sind darauf sogleich gegen unbefugtes Betreten sicher zu stellen.

§ 63.

Auf Kohlenwerken, und nach Anordnung der Berginspektion auch auf anderen Bergwerken, sind alle Grubenbaue, welche für gewöhnlich außer Belegung und Fahrung stehen, derart abzusperren, daß sie ohne gewaltsame Oeffnung des Abschlusses nicht betreten werden können.

Unbefugtes Betreten abgesperrter Baue ist untersagt.

§ 64.

In denjenigen Grubenbauen, in welches ein bedenkliches Auftreten schädlicher Gasarten nach örtlichen Erfahrungen nicht unwahrscheinlich ist, ist jeder Arbeitspunkt, vor welchem eine Betriebsunterbrechung stattgefunden hat, vor der Wiederbelegung von einer durch die Betriebsleitung bestimmten Person auf seine Wetterbeschaffenheit zu untersuchen. Erscheint letztere unsicher, so sind vor der Wiederbelegung die aufgetretenen Gasarten unschädlich zu machen oder der Arbeitspunkt ist abzusperren.

Hat man mit einem Durchschlag in schlagwetterverdächtige Baue zu thun, so muß das nach § 17 vorgeschriebene Vorbohren unter ausschließlicher Verwendung von Sicherheitslampen betrieben werden. Auch ist in diesem Falle der Fluchtweg mit Sicherheitslampen zu erleuchten.

§ 65.

Auf denjenigen Kohlengruben, bei welchen eine Selbstentzündung der Kohle zu befürchten ist, muß dem Ausbruch von Grubenbrand durch geeignete Mittel vorgebeugt und insbesondere eine Wetterzirkulation durch den alten Mann nach Möglichkeit vermieden werden.

Abbauräume, in welchen Anzeichen eine Brandgefahr befürchten lassen, müssen sofort verlässig abgedämmt werden.

Das Schlagen von Branddämmen sowie das Oeffnen von Brandfeldern ist nur unter beständiger Leitung eines Aufsichtsbeamten und unter Bereithaltung von Rettungsmannschaften gestattet.

§ 66.

Auf Verlangen der Berginspektion ist

a) ein Wetterbetriebsplan für eine bestimmte Betriebszeit aufzustellen, welcher die Grundzüge der Wetterwirthschaft der Grube enthalten muß,
b) ein besonderer Wetterriß zu halten, aus welchem der Wetterzug und die für denselben getroffenen Einrichtungen zu ersehen sind.

Außerdem müssen auf Verlangen der Berginspektion unter Tage Wetterproben entnommen und zur Untersuchung auf ihren Grubengasgehalt an eine zuverlässige Untersuchungsstelle eingesendet werden.

§ 67.

Auf jedem Steinkohlenbergwerke, in welchem sich noch keine Schlagwetter gezeigt haben, müssen für den Fall etwaigen Gebrauches mindestens vier Sicherheitslampen vorhanden sein.

Das Auftreten von Schlagwettern auf einer Grube, welche noch nicht als Schlagwettergrube erklärt ist, sowie jede Entzündung oder Explosion von Schlagwettern oder Kohlenstaub ist, auch wenn dadurch Niemand verletzt wurde, sofort der Berginspektion anzuzeigen.

Für Schlagwettergruben, d. h. für Gruben oder Grubenabtheilungen, in welchen schlagende Wetter auftreten, gelten die Bestimmungen der folgenden §§ 68 bis mit 77.

§ 68.

Schlagwetter im Sinne dieser Vorschrift sind solche Wetter, welche 1 Prozent oder mehr Grubengas enthalten.

Als völlig schlagwetterfrei sind Grubenbaue nur dann zu bezeichnen, wenn auch mit der Alkoholsicherheitslampe kein Grubengas in der Luft nachzuweisen ist, oder wenn auch die nach § 66 Abs. 2 vorgenommene Untersuchung weniger als 1/4 Prozent Grubengas ergibt.

Ob und in welchem Grade ein Kohlenwerk als Schlagwettergrube zu bezeichnen ist, unterliegt im Zweifelsfalle der Entscheidung der Berginspektion.

§ 69.

Alle Grubenabtheilungen, welche als nicht schlagwetterfrei erklärt sind, dürfen nur mit der Sicherheitslampe befahren werden. Auch darf in denselben kein offenes Feuer gemacht und kein Feuerzeug mitgeführt werden.

Wenn innerhalb eines Grubenkomplexes einzelne mit Schlagwettern behaftete Bauabtheilungen gelegen sind, so kann die Bergbehörde unter Umständen den ausschließlichen Gebrauch der Sicherheitslampe für den Bereich der ganzen Grube anordnen.

§ 70.

Für jede Schlagwettergrube müssen wenigstens zwei gut fahrbare, von einander unabhängige Tageinbaue vorhanden sein (conf. § 22), von welchen der eine zum Einziehen, der andere zum Ausziehen der Wetter dient.

Ein Betrieb mit bloß einem Tageinbau darf von der Berginspektion nur vorübergehend und nur nach ausdrücklicher Festsetzung der zu treffenden Einrichtungen und Sicherheitsmaßregeln gestattet werden.

Die ausschließliche Wetterversorgung durch natürlichen Wetterzug ist unzulässig, die Benützung von Wetteröfen oder von Schornsteinen der Kesselfeuerung ist nur mit bergbehördlicher Genehmigung statthaft.

§ 71.

Die Menge der einer Schlagwettergrube zuzuführenden frischen Wetter muß mindestens zwei Cubikmeter pro Minute auf den Kopf der größten unterirdischen Belegschaft in einer Schicht betragen, wobei ein Pferd = 4 Mann gerechnet wird.

Von der Bergbehörde kann eine größere als die in Abs. 1 bezeichnete Wettermenge verlangt werden.

Ebenso kann für einzelne Betriebspunkte bestimmt werden, unter welche Mindestmenge die Wetterführung nicht herabgehen darf. Reicht die zugeführte Wettermenge nicht hin, die gangbaren Baue schlagwetterfrei zu erhalten, so ist die Wetterführung dem Bedürfnisse entsprechend zu verstärken.

Die zur Erzeugung des Wetterzuges bestimmten Motoren (Ventilatoren) müssen so leistungsfähig sein, daß das vorgeschriebene

Minimal=Wetterquantum jederzeit und sofort um 25 Prozent verstärkt werden kann.

Den Haupt=Wetterwegen sind Querschnitte von mindestens 3 Quadratmeter zu geben.

Die Abmessungen der übrigen Wetterwege sind so zu wählen, daß bei ausreichender Wetterversorgung der Baue eine Geschwindigkeit der Wetter von 4 Meter per Sekunde im einziehenden und von 6 Meter per Sekunde im ausziehenden Strome nicht überschritten wird.

Abweichungen von den Vorschriften unter Absatz 5 und 6 bedürfen der ausdrücklichen Genehmigung der Berginspektion.

§ 72.

Es ist bei Schlagwettergruben geboten, möglichst viele selbstständige Wetterabtheilungen mit abgesonderten, gut isolirten Wetterströmen zu schaffen.

Die Wetterführung ist grundsätzlich so anzuordnen, daß die frischen Wetter von Tag aus auf dem kürzesten Weg bis auf die vorhandenen Bausohlen abwärts, sodann aber die einzelnen Wetterströme in den Bauabtheilungen nur aufsteigend geführt werden.

Die Abwärtsventilation ist nur ausnahmsweise bei reichlichem Wetterzug und mit bergbehördlicher Genehmigung zulässig.

Die Zahl der von einem und demselben Wetterstrom zu versorgenden Betriebspunkte darf nur so groß sein, daß die Wetter an dem letzten dieser Punkte noch die erforderliche Frische und Reinheit besitzen. Ein erheblich verdorbener Wetterstrom (von mehr als 1$^1/_2$ Prozent Gehalt an schädlichen Gasen) muß auf dem kürzesten Wege zum Ausziehen gebracht werden.

Vorrichtung und Abbau dürfen in einer Bauabtheilung der Regel nach nicht eher eingeleitet werden, als bis Wetterverbindung derselben mit zwei verschiedenen Sohlen vorhanden ist.

§ 73.

Schächte, Querschläge, Strecken, Ueberhauen und Abhauen müssen mit Parallelbetrieb oder unter Nachführung solider Wetterscheider hergestellt werden. Auch Wetterröschen, Wettergardinen und reichlich dimensionirte Wetterlutten können, wenn ohne Gefahr thunlich, verwendet werden.

Woferne diese den durchgehenden Wetterstrom in Anspruch nehmenden Ventilationsmittel sich als nicht zureichend erweisen, müssen sie durch eine wohlangeordnete Separatventilation (durch Druckluft, Strahlapparate, mechanische Ventilatoren) unterstützt oder ersetzt werden.

Insbesondere gilt dies für den Betrieb der Ueberhauen und der streichend in's frische Feld gehenden Grund= und Vorrichtungsstrecken

Die Benützung von Handventilatoren ist nur auf besondere Anweisung des verantwortlichen Betriebsleiters zulässig.

§ 74.

Außer Benützung stehende Wetterstrecken und Wetterdurchhiebe, alle entbehrlich gewordenen Verbindungen zwischen zwei Flötzen oder Abbausohlen, desgleichen alle dauernd verlassenen Grubenräume (alter Mann) sind womöglich luftdicht abzuschließen.

Beim Abschluß eines unversetzt zurückgelassenen Abbauraumes ist eine zugängliche und regulirbare Oeffnung gegen die Wetterabzugsstrecke hin frei zu lassen, um jede Spannung und jedes Zurückdrängen der Gase vor die Betriebsörter hintanzuhalten.

Wetterthüren müssen selbstschließend und da, wo es auf einen dichten Abschluß ankommt, oder wo in Folge des Grubenbetriebes ein lebhafter Verkehr durch dieselben stattfindet, mindestens doppelt und in solcher Entfernung von einander eingerichtet sein, daß eine Thür stets geschlossen ist.

Ueberflüssig gewordene Wetterthüren müssen ausgehängt oder haltbar befestigt werden.

§ 75.

In allen Betriebsabtheilungen, wo Schlagwetter vermuthet werden, muß jeder Betriebspunkt, soferne nicht Ablösung vor Ort stattfindet, jedesmal vor dem Anfahren der Belegschaft in zuverlässiger Weise auf das Vorhandensein von Schlagwettern untersucht werden.

Betriebsörter, welche wegen Ansammlung von Schlagwettern oder ungenügender Ventilation unbelegt bleiben müssen, sind in deutlich erkennbarer Weise abzusperren.

An Betriebspunkten, welche sich alten Bauen oder solchen Stellen nähern, wo Schlagwetteransammlungen zu erwarten sind, muß vorgebohrt werden.

Auf jeder Schlagwettergrube muß eine beständige Beaufsichtigung der Wetterführung im Ganzen und im Einzelnen durch besonders damit beauftragte zuverlässige Personen stattfinden. Auf Aufforderung der Berginspektion sind zu dem Zweck besondere Beamte aufzustellen.

§ 76.

Der Betriebsleiter ist verpflichtet, die Wetterverhältnisse der Grube stets sorgfältig wahrzunehmen, die geeigneten Anordnungen zu treffen und ihre Ausführung zu überwachen.

Ohne besonderen Auftrag des Betriebsleiters dürfen Aenderungen an den Vorrichtungen zur Regelung des Wetterzuges nicht vorgenommen werden

Sind in dringenden Fällen von einer die Betriebsleitung vertretenden Aufsichtsperson irgend welche unaufschiebliche Aenderungen getroffen worden, so hat der verantwortliche Betriebsleiter dieselben zu prüfen und ausdrücklich zu genehmigen oder aufzuheben.

§ 77.

Für jede Schlagwettergrube sind von dem Bergwerksbesitzer, Repräsentanten oder Betriebsleiter Spezialvorschriften zu erlassen, welche Bestimmung treffen:

I. über die im Hinblick auf die Schlagwettergefahr einzuhaltende Art der Bauführung und die Beaufsichtigung der Wetterführung, über die regelmäßige Untersuchung der Grubenbaue und über die beim Vorhandensein von Schlagwettern zu ergreifenden Maßregeln;

II. über die Anschaffung, Aufbewahrung, Instandhaltung und Revision der Sicherheitslampen, über das Oeffnen und Verschließen und die Vorsichtsmaßregeln beim Gebrauch derselben;

III. über die Aufsicht und die Verhaltungsmaßregeln bei der Sprengarbeit und über die Einrichtungen, welche zur Verhinderung gefährlicher Kohlenstaubansammlungen getroffen werden müssen;

IV. über die Messungen der Wettermengen und ihres Gehaltes an schädlichen Gasen, des Luftdruckes und der Lufttemperatur in der Grube und über Tag, dann über die regelmäßige Eintragung der Messungsresultate im Wetterbuche;

V. über die Vorkehrungen für den Fall des Eintrittes einer Explosion oder eines Grubenbrandes, über die Bereitstellung der zur Rettungsaktion erforderlichen Apparate, elektrischen Lampen rc., endlich über die Heranziehung und Ausbildung von Rettungsmannschaften.

Die in diesem Sinne zu erlassenden Spezialvorschriften unterliegen der Bestätigung der Berginspektion; die bereits vorhandenen besonderen Schlagwettervorschriften sind einer Revision zu unterziehen bezw. zu ergänzen.

VI. Sprengstoffe.

§ 78.

Als Sprengstoffe im Sinne dieser Vorschriften sind alle in § 2 der ministeriellen Bekanntmachung vom 15. Februar 1894 (Gesetz- und Verordnungsblatt Nr. 8 pag. 86) aufgeführten Stoffe anzusehen, insbesondere: Sprengpulver und Sprengsalpeter, dann: Guhrdynamit, Sprenggelatine, Gelatindynamit, Karbonit, Schießbaumwolle, Sekurit, Roburit, Dahmenit, Westfalit und ähnliche Stoffe, Sprengkapseln und Zündhütchen.

Mit Ausnahme von Sprengpulver und Sprengsalpeter dürfen die obengenannten Stoffe, welche unter der allgemeinen Bezeichnung „brisante Sprengstoffe“ zusammenzufassen sind, nur auf Grund eines von der zuständigen Polizeibehörde ertheilten Erlaubnißscheins von dem Fabrikanten oder von polizeilich genehmigten und überwachten Niederlagen der Händler und nur in der durch § 6 und § 24 der obengenannten Bekanntmachung vorgeschriebenen Form und Verpackung bezogen werden.

§ 79.

Zur Annahme der Sprengstoffvorräthe, zur Verausgabung derselben an die Arbeiter und zur Wiederannahme der bei der Arbeit nicht verwendeten Sprengstoffe, sowie zur etwa erforderlichen Umarbeitung von Sprengstoffen sind außer dem Betriebsführer nur diejenigen Beamten und Aufseher berechtigt, welche vom ersteren dazu besonders beauftragt sind

Ihre Namen sind durch Eintragung in's Zechenbuch und dauernden Aushang bekannt zu machen.

§ 80.

Zur Hilfeleistung beim Transport, der Aufbewahrung, Verausgabung und Umarbeitung von Sprengstoffen und zu Arbeiten innerhalb der Aufbewahrungsräume dürfen nur solche Leute verwendet werden, welche dem Betriebsführer als zuverlässig bekannt sind

Bei diesen Arbeiten ist die Benützung von Feuerzeug und offenem Licht, sowie das Tabakrauchen strengstens untersagt.

§ 81.

Zum Besitze von brisanten Sprengstoffen sind nur solche Arbeiter berechtigt, welche mit der Ausübung der Schießarbeit beauftragt sind (Ortsälteste und Schießmeister).

Andere als die von der Verwaltung eines Bergwerkes gelieferten Sprengstoffe und Zündmittel mit Ausnahme der Zündraketchen auf dieses Bergwerk mitzubringen oder die gelieferten Stoffe von demselben wegzubringen, ist verboten.

§ 82.

Werden auf einem Bergwerke andere Sprengstoffe als Sprengpulver und Sprengsalpeter verwendet, so ist für dieselben ein besonderes, täglich nachzutragendes Buch zu führen, welches außer dem Nachweis der Empfangnahme enthalten muß:

a) die Namen der die Verausgabung und Wiedervereinnahmung bewirkenden Personen,
b) die Namen der Empfänger,
c) den Tag der Verausgabung und Wiedervereinnahmung,
d) die Menge der verausgabten und wieder vereinnahmten Sprengpatronen, Sprengkapseln und Zündhütchen,
e) Jahreszahl und Nummern der verausgabten Patronen (nöthigenfalls von der Verpackung zu entnehmen).

§ 83.

Die auf einem Bergwerke angelieferten Sprengstoffe müssen unverzüglich in einem dazu geeigneten Aufbewahrungsraum untergebracht werden.

Aufbewahrungsräume (Magazine) für Sprengstoffe können auf Bergwerken sowohl über als unter Tage angelegt werden. Die über Tage angelegten Aufbewahrungsräume für Sprengpulver und Sprengsalpeter stehen unter der gemeinschaftlichen Aufsicht der Bergbehörde und der Distriktspolizeibehörde, alle übrigen Aufbewahrungsräume stehen unter alleiniger Aufsicht der Bergbehörde (Berginspektion)

Vor Benützung eines Aufbewahrungsraumes für Sprengstoffe muß die Genehmigung der Aufsichtsbehörde eingeholt werden. Der bezügliche Antrag ist unter Beifügung einer Zeichnung und Beschreibung an die Bergbehörde zu richten.

§ 84.

Für die Einrichtung der Aufbewahrungsräume über Tag sind die von den Landespolizeibehörden erlassenen allgemeinen Vorschriften maßgebend, soferne nicht in dem Genehmigungsbescheide der Bergbehörde besondere Vorschriften gemacht werden.

§ 85.

Für die Hauptmagazine unter Tage wird Folgendes vorgeschrieben:

a) sie müssen zwei von einander gesonderte, verschließbare Abteilungen enthalten, den Vor- oder Verausgabungsraum und den Lagerraum, welcher nur durch den Vorraum zugänglich ist;
b) sie sind so zu verschließen, daß sie gegen Einbruch und Diebstahl möglichst gesichert sind,
c) am äußeren Verschluß des Vorraumes sind in leicht erkennbarer Weise die Worte „Warnung, Sprengstoffe" anzubringen.
d) Ist die Oertlichkeit, an welcher das Magazin errichtet werden soll, mit einer Fahr- oder Förderstrecke in gerader Linie verbunden, so darf der Lagerraum nicht in der Strecke, sondern nur in einem von derselben rechtwinklig abgehenden, mindestens fünf Meter langen Raum eingebaut werden.
e) Sprengpulver und Sprengsalpeter dürfen niemals mit anderen Sprengstoffen in einem Lagerraum aufbewahrt werden.
f) In dem Aufbewahrungsraum für Sprengpulver und Sprengsalpeter darf nur der Vorraum mit Licht betreten werden und zwar mit Sicherheitslampen oder Laternen, deren Glas durch starkes Messinggitter gegen Zerschlagen gesichert ist. Der Lagerraum darf nur durch die geöffnete Thür des Vorraumes Licht empfangen und von den mit der Einlagerung

und Ausgabe des Pulvers beauftragten Personen stets nur unter Benützung von Filz- und Strohüberschuhen betreten werden. Die Thürschwellen sind von Holz herzustellen und die Fußböden mit Haardecken zu belegen.

g) Auch die Magazine für andere Sprengstoffe als Pulver dürfen nicht mit offenem Licht betreten werden und zwar weder der Vorraum noch der Lagerraum.

h) Die Lagerräume für Sprengölpräparate sind so einzurichten, daß die Temperatur in denselben jedenfalls unter 50° und womöglich über 8° Celsius beträgt.

i) Zündmittel (Zündhütchen, Zündstäbe ꝛc.) dürfen nur im Vorraum oder in sonstigen, vom Lagerraum getrennten Orten, und zwar in den von der Fabrik gelieferten Behältern und in besonderen verschlossenen Kästen verwahrt werden.

k) Räume, in welchen Sprengstoffe lagern, dürfen außer von dem Betriebsführer und dem Abtheilungssteiger nur von den in den §§ 79, 80 bezeichneten Personen betreten werden.

§ 86.

Ueber den zulässigen Abstand eines Sprengstoffmagazins von den nächstgelegenen gangbaren Grubenbauen (Schächten, Förderstrecken ꝛc.), sowie über den Höchstbetrag der Einlegung von Sprengstoffen in einem und demselben Raume hat die Berginspektion im Einzelnfall Bestimmung zu treffen.

Dieselbe ist auch befugt, im Einzelfall weitergehende Vorschriften zu erlassen.

§ 87.

Gerathen Sprengstoffe auf ihrem Lager in einen derartigen Zustand, daß die weitere Lagerung bedenklich erscheint (was sich bei Sprengölpräparaten durch stechenden Geruch, Entwickelung rother Dämpfe, Ausscheiden fester Stoffe oder Abtropfen von Sprengöl zu erkennen gibt), so dürfen sie nicht an die Arbeiter verausgabt werden, sondern es ist unverzüglich dem Betriebsführer Mittheilung zu machen, welcher das Erforderliche zur Beseitigung der Gefahr anzuordnen hat.

Wenn zum Zwecke sofortiger Verausgabung an die Arbeiter sprengölhaltige, gefrorne Patronen aufgethaut werden müssen, so darf dies nur in mit lauwarmen Wasser umgebenen Gefäßen, in welchen die Sprengstoffe nicht mit dem Wasser in Berührung treten, geschehen.

§ 88.

Kleinere Magazine, sogenannte Zwischen- oder Handmagazine, zum Zwecke der täglichen Verausgabung oder zur Erleichterung des maschinellen Bohrbetriebes in Bezug auf Ausgabe und Rückempfang der Sprengstoffe sind nach den von der Berginspektion unter Berücksichtigung der örtlichen Verhältnisse verfügten Anordnungen anzulegen und einzurichten.

§ 89.

Der Transport der Sprengstoffe in die Magazine hat in der von der Fabrik gelieferten Verpackung unter Ueberwachung eines technischen Aufsehers zu erfolgen.

Sprengstoffe enthaltende Kisten oder Behälter müssen in einem mit Haardecken oder lockeren Massen ausgefütterten und mit gut passendem Deckel versehenen Förderwagen eingeschlossen transportirt werden.

Sprengstoffe dürfen nicht gemeinschaftlich mit anderen Stoffen und Geräthschaften transportirt werden; die mit dem Transport beschäftigten Arbeiter haben durch den Ruf „Sprengstoffe kommen" die in der Nähe befindlichen Personen zu warnen.

Zur Beleuchtung bei Sprengstofftransporten sind geschlossene Lampen oder Laternen zu benützen, die jedoch von den mit dem Transport unmittelbar beschäftigten Leuten nicht getragen werden dürfen.

Zündmittel dürfen nicht gleichzeitig und gemeinschaftlich mit den Sprengstoffen nach den Niederlagen transportirt werden.

§ 90.

Die Förderung der Sprengstoffe im Schachte darf nicht während des Ein- und Ausfahrens der Belegschaft und nur nach vorheriger Benachrichtigung des Maschinenwärters und der Anschläger über und unter Tage erfolgen.

Der Maschinenwärter darf nur mit der für die Mannschaftsförderung gestatteten Geschwindigkeit fördern und das Fördergefäß nicht hart aufsetzen lassen.

Die Anschläger am Füllort müssen die Behälter, in denen sich die Sprengstoffe befinden, von der Förderschale vorsichtig abziehen und dieselben nur von den dazu bestimmten Personen in Empfang nehmen lassen.

§ 91.

Die Verausgabung der Sprengstoffe darf nur durch die in § 79 bezeichneten Personen und nur an die Ortsältesten (Drittelführer, Kameradschaftsführer) oder, wo mit Ausübung der Schießarbeit besondere Leute, die Schießmeister, betraut sind, an diese erfolgen In letzterem Falle übernehmen diese die Befugnisse und Verpflichtungen der Ortsältesten.

Zu Schießmeistern dürfen nur mit der Schießarbeit vertraute, zuverlässige Personen bestellt werden, welche der Berginspektion zu bezeichnen sind; ihre Namen sind in's Zechenbuch einzutragen und der Belegschaft bekannt zu machen. Außerdem sind sie vom Betriebsführer mit einer schriftlichen Dienstanweisung zu versehen, welche der Genehmigung des Berginspektors unterliegt.

Die Schießmeister und diejenigen Ortsältesten, welche andere Sprengstoffe als Pulver empfangen, müssen dem Verausgabenden persönlich bekannt sein.

§ 92.

Beim Oeffnen der Kisten oder Fässer, welche Sprengstoffe enthalten, dürfen eiserne Geräthschaften nicht benützt werden.

Die Verausgabung der Sprengstoffe darf nur im Vorraum stattfinden; während derselben ist die Thür zum Lagerraum verschlossen zu halten.

Die Sprengstoffe dürfen den Arbeitern nur in tadelloser Beschaffenheit und nur in Form von Patronen verabfolgt werden.

Gefrorene Sprengölpräparate dürfen nicht mit festen Körpern bearbeitet und nicht zum Sprengen benützt werden.

Das Aufthauen hat in Gefäßen mit lauwarmen Wasser zu geschehen, in welchen die Sprengölpräparate mit letzterem nicht in direkte Berührung treten. (Nobel'scher Topf.)

Niemals dürfen Sprengölpräparate in der Nähe von offenem Feuer, geheizten Oefen oder Dampfheizungen, überhaupt an Orte gebracht werden, welche wärmer werden können, als die Hand verträgt.

Einzelne Patronen gefrorenen Dynamites dürfen durch Tragen in der Kleidung dicht am Körper aufgethaut werden.

§ 93.

Der mit der Verausgabung von Sprengstoffen Beauftragte darf nur die von dem Abtheilungssteiger oder Aufseher festgesetzte und ihm schriftlich mitgetheilte Menge solcher Stoffe dem Empfangsberechtigten (§ 91 Abs. 1) übergeben. Der Abtheilungssteiger oder Aufseher darf nicht größere Mengen zur Verausgabung festsetzen, als nach seinem pflichtmäßigen Ermessen von der Kameradschaft, für welche die Sprengstoffe zu empfangen sind, bei den dieser obliegenden Sprengarbeiten während eines Tages voraussichtlich zu verwenden sein werden.

§ 94.

Die verabfolgten Sprengstoffe dürfen nur von dem Empfangsberechtigten selbst mitgeführt werden und zwar in einem Behälter, welcher mit festem Verschluß versehen sein muß.

Die Behälter für Sprengstoffe, welche mit Schluß der Schicht an die Ausgabsstelle zurückgelangen, sollen zur Vermeidung von Verwechslungen mit Nummern versehen sein und von der Grubenverwaltung gestellt werden.

Zündmittel dürfen nicht mit Sprengstoffen in einem Behälter, Sprengkapseln nicht lose mitgeführt werden.

§ 95.

Die nicht verwendeten Sprengstoffe (mit Ausnahme des Pulvers) müssen nach beendigter Schicht in das Haupt- oder Handmagazin zurückgeliefert werden und zwar in ihren Behältern; auch die leeren Behälter sind zurückzuliefern.

Die Annahme der zurückgebrachten Sprengstoffe ist nicht als Wiedervereinnahmung im Sinne des § 82 anzusehen, sofern die Sprengstoffe in dem Behälter verbleiben, um mit diesem von dem bisherigen Inhaber wieder abgeholt zu werden.

Erfolgt Ablösung vor Ort, so darf der Ortsälteste die nicht verwendeten Sprengstoffe dem ihn ablösenden Ortsältesten übergeben.

In allen sonstigen Fällen ist es verboten, Sprengstoffe außer Pulver und Sprengsalpeter an andere Arbeiter abzugeben oder solche von anderen anzunehmen.

VII. Hauerarbeiten.

a) Sprengarbeit.

§ 96.

Die Aufbewahrung von Sprengstoffen an der Verbrauchsstätte (am Arbeitsort) darf nur in einer mit sicherem Schloß versehenen Kiste (sog. Schießkiste) geschehen, welche nach Anweisung des Abtheilungssteigers an einer geeigneten Stelle in angemessener Entfernung vom Arbeitsorte aufzustellen ist.

Auf Betriebe, für welche Schießmeister angestellt sind, findet diese Bestimmung keine Anwendung.

§ 97.

Die Schießkiste muß, so lange sich in derselben Sprengstoffe befinden, sorgfältig verschlossen gehalten werden und der Schlüssel in sicherem Verwahr des Ortsältesten bleiben.

Leere Schießkisten sind unverschlossen zu lassen.

Die Abtheilungssteiger haben darauf zu achten, daß die Schießkisten in tadellosem Zustande sich befinden und haben dieselben bei ihren Befahrungen regelmäßig zu untersuchen.

§ 98.

Sprengpulver und Sprengsalpeter dürfen nicht mit den übrigen Sprengstoffen in derselben Schießkiste verwahrt werden, und ebenso sind auch die Zündmittel in besonderen verschließbaren Behältern zu verwahren.

Das Unterbringen der Zündmittel in den Schießkisten ist nur dann gestattet, wenn sie durch eine hölzerne bis an den Deckel heraufreichende Scheidewand von den Sprengstoffen getrennt sind.

§ 99.

Das Laden und Anzünden der Sprengschüsse darf nur durch die Ortsältesten erfolgen; das Besetzen darf ebenfalls nur durch die Ortsältesten oder unter ihrer unmittelbaren Aufsicht geschehen.

Die Schlagpatronen für Sprengstoffe dürfen erst unmittelbar vor ihrer Verwendung mit der Zündvorrichtung versehen werden.

Wenn Schießmeister aufgestellt sind, treten diese an die Stelle der Ortsältesten.

§ 100.

Beim Laden und Besetzen der Sprengschüsse ist die Benützung von eisernen Raumnadeln untersagt.

Bei Verwendung von Sprengölpräparaten und comprimirter Schießwolle dürfen die Patronen nur vermittels eines hölzernen Ladestockes in's Bohrloch eingeführt werden.

Zum Besetzen der Sprengschüsse ist nur Letten, sandfreier Lehm oder Wasser zu benützen. Bei Verwendung von Sprengpulver und Salpeter können außerdem milde Gesteinsarten, welche keine Funken reißen, verwendet werden.

Das Besetzen mit Kohle ist verboten.

Die Abtheilungssteiger haben dafür zu sorgen, daß den Arbeitern stets geeignetes Besatzmaterial zur Verfügung steht.

§ 101.

Der Abtheilungssteiger hat in angemessener Entfernung von den Oertern, wo geschossen wird, eine Stelle anzuweisen, an welcher die Arbeiter vor der Wirkung der Schüsse gesichert sind.

Erforderlichen Falles sind besondere Schießörtchen oder Schießthüren und beim Abteufen von Schächten sichere Bühnen herzustellen.

§ 102.

Vor dem Wegthun der Sprengschüsse sind die Zugänge zu den betreffenden Arbeitspunkten durch die Arbeiter zu besetzen oder zweckentsprechend abzusperren.

Vor dem Anzünden ist den in der Nähe beschäftigten Arbeitern durch den lauten Ruf „es brennt“ Kenntniß zu geben.

Gleichzeitig besetzte Schüsse sollen auch gleichzeitig weggethan werden.

Bei gleichzeitigem Abbrennen von mehr als 4 Schüssen mit der Hand haben die Aufsichtsbeamten für jeden Betrieb besondere Anweisungen zu ertheilen. Auch hat in diesem Falle das Anbrennen in der Regel nicht durch einen Hauer allein zu erfolgen.

Woferne nicht besondere örtliche Schwierigkeiten vorliegen, soll beim gleichzeitigen Abbrennen mehrerer Schüsse elektrische Zündung angewendet werden.

Die beim Wegthun mit elektrischer Zündung in Verwendung kommenden Zündstäbe sind, um einem Herausreißen derselben aus der Ladung vorzubeugen, in geeigneter Weise festzumachen. Die Drähte sind erst unmittelbar vor der Zündung an die Maschine einzuhängen und nach der Zündung sofort wieder abzunehmen.

§ 103.

Wofern nicht elektrische Zündung in Anwendung ist, darf bei gleichzeitigem Wegthun mehrerer Schüsse und bei Versagen der Betriebspunkt vor Ablauf von 15 Minuten nach dem Anzünden nicht wieder betreten werden.

Das Ausbohren von Schüssen, welche versagt haben, sowie das Tieferbohren stehen gebliebener Bohrlochspfeifen ist untersagt.

Den in der Nähe solcher Pfeifen oder versagter Bohrlöcher neu angesetzten Bohrlöchern muß eine solche Richtung gegeben werden, daß sie mit ersteren nicht in Berührung kommen.

Wenn Ablösung stattfindet, hat der Ortsälteste vor dem Verlassen des Arbeitsortes nach beendeter Schicht dafür zu sorgen, daß etwaige Versager unschädlich gemacht werden, oder dieselben dem Ortsältesten der nächsten Schicht nach Lage und Beschaffenheit, persönlich so zu bezeichnen, daß jeder Zweifel hierüber ausgeschlossen ist.

§ 104.

Die gemäß § 77 für jede Schlagwettergrube zu errichtenden besonderen Sicherheitsvorschriften haben sich zugleich auf die Handhabung der Schießarbeit in diesen Gruben zu erstrecken.

Die Berginspektion kann indeß die Errichtung dießbezüglicher besonderer Vorschriften auch für solche Kohlenwerke verlangen, welche nicht zu den Schlagwettergruben gehören, bei welchen aber Kohlenstaub in gefährlicher Beschaffenheit auftritt.

b) Sonstige Häuerarbeiten.

§ 105.

Bei Tagebauen ist dem Abraum stets eine seiner Festigkeit und Standhaftigkeit entsprechende Böschung zu geben, und bei größerer Abbaumächtigkeit in diese in mehrere Strossen von angemessener Höhe und Breite zu theilen.

Eine Gewinnung anstehender Massen mittels Unterschrämens derselben darf nicht erfolgen, wenn diese Betriebsweise bei der Beschaffenheit der örtlichen Verhältnisse voraussichtlich Gefahr mit sich bringt.

§ 106.

Bei allen Schrämarbeiten müssen die unterschrämten Stöße durch Spreitzen und Streben, durch stehen zu lassende kleine Pfeiler, durch Bolzen im Schrame und dergleichen hinreichend gegen vorzeitiges Niedergehen gesichert werden.

§ 107.

Beim Ansetzen von Oertern aus einem Bremsberge oder Aufbruch ist Sorge zu tragen, daß die auf tieferen Oertern angelegten Personen durch den Betrieb der höheren Oerter nicht beschädigt werden können.

In Firstenbauen auf Lagerstätten mit über 50 Grad Fallen dürfen die Stöße nicht höher als 4 Meter genommen werden.

§ 108.

Der Abbau eines Flötzes hat, wenn durch ihn Brüche entstehen, von den gangbaren Bauen darüberlagernder Flötze soweit entfernt zu bleiben, daß diese Baue nicht gefährdet werden können.

§ 109.

Wenn in einem Abbau die Anzeichen eingetretenen stärkeren Gebirgsdruckes in dem Maße hervortreten, daß ein vorzeitiges Zubruchgehen zu befürchten ist, so ist der Fortbetrieb bis nach Beseitigung der Gefahr einzustellen, während der etwaigen Sicherungsarbeiten aber sind die Schutz gewährenden Strecken durch eine verschlossene (Sicherheits-)Lampe zu beleuchten.

§ 110.

Der Abbau ist immer so zu leiten, daß für die dabei beschäftigten Arbeiter eine gesicherte Verbindung mit den Schächten, bezw. mit den Fluchtwegen erhalten bleibt.

Bei Braunkohlengruben ist dementsprechend der gleichzeitige Angriff mehrerer Brüche von einem Bruch- oder Theilungsorte aus zu unterlassen.

Der Weg, welchen die im Abbau beschäftigten Arbeiter bis zur schützenden Abbau- oder Bruchstrecke zurückzulegen haben, ist möglichst kurz zu machen und von Allem, was die Flucht behindern kann, besonders auch von Kohlenvorräthen, thunlichst frei zu erhalten.

Bei Braunkohlengruben, in deren Flötzdach schwimmendes Gebirge auftritt, ist beim Anhauen eines Bruchortes für einen voraussichtlich genügenden Schutz (Wasserblende) gegen das Verschlämmen der Grubenbaue zu sorgen.

§ 111.

Das Rauben der Zimmerung in Grubenbauen jeder Art darf nie ohne vorherige Anordnung des betreffenden Aufsichtspersonals und nur unter Verwendung oder wenigstens unter Leitung damit vertrauter Leute, sowie unter Anwendung geeigneten Gezähes und besonderer Beleuchtung vorgenommen werden.

Wenn nach dem Rauben der Bau offen bleibt, so ist für den Fall des nachträglichen Bruches zweckentsprechende Vorkehrung zum Schutze der etwa in der Nähe befindlichen Mannschaft zu treffen.

Das Rauben der Zimmerung in abzuwerfenden und zu verfüllenden Tageschächten ist nur mit Genehmigung des Berginspektors gestattet.

§ 112.

Bei Anwendung von Abtreibzimmerung mit Thürstöcken sind die letzten Thürstöcke untereinander mittels eiserner Klammern oder sonst auf geeignete Weise zu verbinden.

§ 113.

Bei Arbeiten in Saigerschächten und steilen Bremsschächten, welche von übersteckten Pfosten oder Nothbühnen aus vorgenommen werden müssen, sowie überall, wo die Beschaffenheit der Arbeitsstellen einen ausreichend sicheren Stand nicht zuläßt, sind die Arbeiter jedesmal mittels Hangegurts (Anseilen) vor dem Abstürzen zu schützen. Arbeitsvornahmen solcher Art, wie die Aufgewältigung alter Schächte, die Beseitigung von Störungen in der Bremsschachtförderung in Folge von Brüchen oder Entgleisungen und dergleichen dürfen nur von zuverlässigen Bergleuten und nur nach Anordnung und Leitung der betreffenden Aufsichtspersonen durchgeführt werden.

§ 114.

Bei umfänglicheren Arbeiten in Schächten sind doppelte Fußbühnen zu schlagen.

Während einer Arbeit in oder unter den Fördertrümmern der Treib- und Ziehschächte ist die Förderung im Schachte auszusetzen.

Die Benützung von sogenannten schwebenden Bühnen darf nur nach vorheriger Prüfung und Genehmigung der Berginspektion erfolgen.

§ 115.

Müssen Arbeiten oder Untersuchungen im Schachte vom Dache des Fördergestelles aus bewirkt werden, so muß auf das Gestelldach ein wenigstens 7 Centimeter hoher Bord, falls aber dieses Dach mehr als 6 Grad Neigung hat, eine mit solchem Bord versehene wagrechte Bühne aufgelegt werden.

Auch haben sich die Arbeiter mittels Hangegurts an der Schurzkette oder am Treibseil zu befestigen, wenn das Gestelldach oder die Bühne das Fördertrumm nicht vollständig abschließt.

Untersuchungen vom bewegten Gestelle aus haben womöglich beim Abwärtstreiben zu geschehen.

§ 116.

Jeder belegte Arbeitspunkt muß in der Schicht mindestens einmal von einer Aufsichtsperson befahren werden.

Ein abgelegener Bau darf, wenn nicht öfters Förderung von ihm ausgeht, in der Regel nicht mit einem einzelnen Mann belegt werden. Im Ausnahmsfalle ist der Bau von dem Aufsichtspersonal oder von einer dazu beauftragten Person in einer Schicht zu wiederholten Malen zu besuchen.

Beim Schießen müssen mindestens zwei Mann zur Stelle sein.

§ 117.

Auf besonders warmen Arbeitsorten müssen zuverlässige Thermometer vorhanden sein und regelmäßig beobachtet werden.

Beim unterirdischen Betrieb darf ein Arbeiter in einer Temperatur von 30 Grad Celsius oder mehr täglich nicht länger als sechs Stunden einschließlich der Abkühlungspause beschäftigt werden.

Arbeiten in einer Wärme von 40 Grad Celsius und darüber sind nur in Fällen der Noth oder dringenden Gefahr gestattet.

§ 118.

Sind Arbeiten vorzunehmen, welche mit außergewöhnlichen, besonders von Oben kommenden Wasserzuflüssen zu kämpfen haben, so daß ein Durchnässen der gewöhnlichen Kleidung auf andere Weise sich nicht vermeiden läßt (Schachtabteufen, Uebersichbrechen u. s. w.), so hat die Grubenverwaltung den betreffenden Arbeitern zur Ausführung jener Arbeiten wasserdichte Kleider zur Verfügung zu stellen.

VIII. Maschinen- und Taganlagen.

§ 119.

Beim Maschinenbetriebe müssen die Arbeitsräume, Betriebsvorrichtungen, Maschinen und Geräthschaften so eingerichtet und unterhalten und die Betriebe so geregelt werden, daß die Arbeiter gegen Gefahren für Leben und Gesundheit geschützt sind, soweit es die Natur des Betriebes gestattet.

Insbesondere ist für genügendes Licht, ausreichenden Luftraum und Luftwechsel, thunlichste Beseitigung des beim Betrieb entstandenen Staubes und der dabei entwickelten Dünste und Gase Sorge zu tragen.

§ 120.

Wird beabsichtigt, innerhalb des Grubengebäudes eine stabile Maschinenanlage für die Förderung, Wasserhaltung, Wetterlosung oder sonstige Betriebszwecke zu errichten, so ist hievon der Berginspektion unter Vorlage eines Situationsplanes mindestens vierzehn Tage vor Beginn des Einbauens Anzeige zu machen.

Die Maschinen müssen gut fundamentirt, die Maschinenräume nach entsprechenden Dimensionen angelegt, solid ausgebaut und mit den Fahr- und Förderstrecken in wohlgeeigneter Verbindung sein.

Die Beleuchtung während des Betriebes muß eine vollständig ausreichende sein, so daß die Anlagen und insbesondere die in Bewegung befindlichen Theile gut übersehen werden können.

§ 121.

Alle Arbeiter, welche ihre Beschäftigung in die Nähe umgehender Maschinentheile führt, dürfen während der Arbeit nur enganliegende Kleider tragen.

§ 122.

Alle im Verkehrsbereiche befindlichen rotirenden und bewegten Maschinentheile müssen derart mit Schutzvorrichtungen umgeben und abgeschlossen sein, daß eine gefahrbringende Berührung derselben nicht stattfinden kann.

Dasselbe gilt auch von den Transmissionen, falls sie nicht durch ihre Lage und Beschaffenheit eine Einfriedigung entbehrlich machen.

§ 123.

Der Beginn der Bewegung der Transmission durch die Kraftmaschine muß in allen Arbeitsräumen in einer für jeden Arbeiter verständlichen Weise angekündigt werden.

Von jedem Arbeitsraume aus muß das Signal zum Abstellen der Betriebsmaschine gegeben werden können.

Jede einzelne Arbeitsmaschine muß unabhängig von der anderen in und außer Betrieb gesetzt werden können. Zusammenarbeitende Apparate gelten als Eine Arbeitsmaschine.

Das Auflegen der Riemen auf die Riemenscheiben während des Ganges der Maschine ist verboten, soweit dabei nicht Vorrichtungen benützt werden, welche die Gefahr für den Arbeiter ausschließen.

§ 124.

Schwungräder größerer eincylindriger Maschinen sind mit einer Vorrichtung zum gefahrlosen Andrehen über den todten Punkt hinaus auszustatten.

Das Einlaßventil muß so lange geschlossen bleiben, als am Schwungrad gedreht wird.

Fördermaschinen müssen an der Seilkorbachse eine kräftige Bremsvorrichtung besitzen, welche der Wärter, ohne seinen Stand zu verlassen, leicht und sicher handhaben kann.

§ 125.

Das Putzen und Schmieren der während des Betriebes nur mit Gefahr zugänglichen Theile der Maschine, sowie die Vornahme der Ausbesserungen an Maschinen und der von ihnen betriebenen maschinellen Vorrichtungen während des Ganges derselben ist verboten.

Die hienach während des Betriebes nicht verbotenen Arbeiten dürfen nur durch den Maschinenwärter oder andere erfahrene Personen, in keinem Falle aber durch jugendliche Arbeiter ausgeführt werden.

§ 126.

Alle Aufzüge müssen mit beweglichen, womöglich selbstthätigen Verschlüssen versehen sein, alle Abstürz- und Bremsvorrichtungen, Quetsch-, Mahl- und Walzwerke, Kreissägen ꝛc. sind durch geeignete Schutzvorrichtungen für die unvorsichtige Annäherung ungefährlich zu machen.

§ 127.

Fußbodenöffnungen, Fülltrichter, Gerüste, Bühnen, Gallerien, Plattformen, Treppen und schiefe Ebenen müssen so beschaffen sein, daß Menschen weder von denselben hinabstürzen, noch von herabfallenden Gegenständen getroffen werden können.

Sammelbehälter jeder Art, welche nicht mindestens 80 Centimeter über den Erdboden hervorragen, müssen so versichert sein, daß Menschen nicht in dieselben hinabstürzen können.

§ 128.

Elektrische Maschinen jeder Art und elektrische Leitungen sind dermaßen einzurichten und zu verwahren, daß durch sie eine Verunglückung ohne Verschulden des Betroffenen nicht herbeigeführt werden kann.

Bei derartigen Anlagen sind die vom Verband deutscher Elektrotechniker im Jahre 1895 vereinbarten Sicherheitsvorschriften für Starkstromanlagen einzuhalten.

Für jede solcher Anlagen ist mindestens Ein mit der Wartung und Beaufsichtigung derselben vollkommen vertrauter Wärter zu bestellen.

Das Berühren der elektrischen Leitungen, der elektrischen Maschinen und Apparate jeder Art ist verboten und nur dem Dienst- und Aufsichtspersonal unter Anwendung der geeigneten Sicherheitsmaßregeln gestattet.

IX. Arbeiter.

§ 129.

Als Bergarbeiter dürfen nur Personen Beschäftigung finden, welche nach ärztlichem Zeugniß zur Bergarbeit tauglich, insbesondere mit körperlichen und geistigen Gebrechen, die leicht Anlaß zu Unglücksfällen geben können, nicht behaftet und welche dem Trunke nicht ergeben sind.

Personen, welche zur Bergarbeit untauglich sind, können mit ihren Kräften angemessenen Arbeiten beim Bergbau dann beschäftigt werden, wenn dies durch ärztliches Zeugniß für zulässig erklärt wird.

§ 130.

Bei der Arbeitsanweisung ist darauf zu achten, daß jedem Arbeiter nur solche Arbeit zugetheilt wird, welche seinen Kräften angemessen ist; insbesondere dürfen zu Arbeiten, mit welchen besondere Gefahr verbunden ist, oder zur Handhabung von Maschinen nur hinreichend kräftige, verständige und erfahrene Leute verwendet werden.

§ 131.

Jeder Bergwerksbesitzer ist verpflichtet, einen entsprechenden Auszug aus den oberpolizeilichen Vorschriften sammt den auf Grund der letzteren von ihm selbst zu erlassenden Sicherheitsvorschriften den sämmtlichen Bergarbeitern durch Aushändigung von Druckexemplaren, sowie durch Aushang und periodische Verlesung in den Mannschaftsstuben zur Kenntniß zu bringen.

Insbesondere ist auch Sorge zu tragen, daß jeder Bergarbeiter über die von ihm zu verrichtende Arbeit hinreichend belehrt werde.

§ 132.

Weibliche Personen, jugendliche Arbeiter, welche das 16. Lebensjahr noch nicht vollendet haben, sowie Personen, welche bis zum 60. Lebensjahre noch nie unter Tage beschäftigt waren, dürfen zu Arbeiten in der Grube nicht zugelassen werden.

Unter Berücksichtigung örtlicher Verhältnisse kann der Berginspektor auf besonderen, durch ärztlichen Nachweis begründeten Antrag des Bergwerksbesitzers die Beschäftigung junger Burschen von 14—16 Jahren mit leichten Arbeiten unter Tage gestatten.

Zur selbständigen Ausführung von Hauerarbeiten, einschließlich der zugehörigen Sicherung der Arbeitspunkte dürfen nur solche Personen zugelassen werden, welche das 21. Lebensjahr vollendet, sowie wenigstens 3 Jahre in der Grube gearbeitet haben und während dieser Zeit wenigstens ein Jahr mit Hauerarbeiten unter Aufsicht eines selbständigen Hauers beschäftigt gewesen sind.

Die zur Ueberwachung der Vorschriften in Absatz 1 und 2 erforderlichen Angaben müssen bei jedem Bergwerke aufgezeichnet sein.

§ 133.

Fremdsprachige Arbeiter dürfen beim Bergbaubetriebe nur dann beschäftigt werden, wenn sie genügend deutsch verstehen, um mündliche Anweisungen ihrer Vorgesetzten und Mittheilungen ihrer Mitarbeiter aufzufassen.

§ 134.

Es müssen Einrichtungen getroffen sein, um die auf der Grube angefahrene Mannschaft nach Zahl und Personen jederzeit genau ermitteln zu können.

Verleselisten oder sonstige Nachweise zur Ermittelung der jeweilig in der Grube befindlichen Personen müssen über Tage in der Nähe der Haupteinfahrstelle an einem besonders dazu bestimmten Orte stets sicher aufbewahrt werden.

Wenn Arbeiter vermißt werden und Niemand über ihr Ausbleiben Auskunft zu geben vermag, so sind sofort Nachforschungen nach ihnen anzustellen.

§ 135.

Auf jeder selbständigen Grubenanlage muß eine heizbare Mannschaftsstube (Zechenstube) von einer der Belegschaft entsprechenden Größe vorhanden sein, in welcher sich die Arbeiter ausruhen, trocknen und umkleiden können.

Die Berginspektion hat nach Einvernahme des Knappschaftsarztes, bezw. des Amtsarztes, wo ein Bedürfniß hiefür vorliegt, die Errichtung und Unterhaltung von Mannschaftsbädern vorzuschreiben.

Abortseinrichtungen müssen an geeigneten Punkten in der Grube aufgestellt werden. Sie sind in sauberem, gebrauchsfähigem und, unter mäßiger Benutzung von Desinfektionsmitteln, in möglichst geruchlosem Zustande zu erhalten.

Die Abortsgefäße müssen undurchlässig, mittels Deckels verschließbar und transportabel sein.

Die Entleerung des Kothes an anderen Stellen als auf den Aborten ist verboten.

§ 136.

Für alle Gruben (mit mindestens 20 Mann Belegung) muß ein tragbarer oder fahrbarer Krankenkorb und ein entsprechend eingerichteter Raum zur vorläufigen Unterbringung schwer Verletzter und Erkrankter vorhanden sein.

Auf allen Gruben und selbständigen Grubenabtheilungen mit mindestens 50 Mann Belegung sind Verbandstuben einzurichten, in welchen verunglückte Arbeiter die erste sachkundige Hilfe finden.

Für größere Betriebe, sowie in Orten mit mehreren Betrieben, sind Sanitätskolonnen zu organisiren behufs der erforderlichen Hilfeleistung.

Verbandzeug muß auf allen Gruben an geeigneten, jedem Arbeiter zugänglichen Stellen in genügender Menge vorhanden sein.

§ 137.

Jede beim Bergbau und Aufbereitungsbetriebe vorkommende schwere Verletzung ist stets unverweilt bei der Berginspektion anzuzeigen.

Die kurze Beschreibung des Unglücksfalles ist womöglich durch das ärztliche Gutachten zu vervollständigen.

Als schwere Verletzungen sind nicht nur solche anzusehen, welche eine Gefahr für das Leben mit sich bringen, sondern auch solche, welche einen bleibenden Nachtheil für die Gesundheit oder die Arbeitsfähigkeit des Verletzten befürchten lassen.

Erfolgt nachträglich der Tod eines Verletzten oder erweist sich eine anfänglich für leicht angesehene Verletzung später als eine schwere, so ist dies der Berginspektion unabhängig von der ersten Unfallanzeige ohne Aufschub bekannt zu geben.

§ 138.

An der Oertlichkeit, wo eine schwere Verunglückung eingetreten ist, soll nichts verändert werden, ehe der Berginspektor die erforderliche Lokalerörterung angestellt hat. Ausnahmen sind nur behufs Bergung des Verunglückten, sowie wegen etwaiger weiterer Rettungsarbeiten oder wenn es die Sicherheit des Grubenbetriebes erheischt, zulässig und auf Verlangen der Bergbehörde gegenüber zu verantworten.

§ 139.

Jeder Arbeiter hat bei vorkommenden Verunglückungen nach seinem besten Wissen sofort Hilfe zu leisten, wenn dieselbe unter Beobachtung der nöthigen Vorsicht ohne eigene Lebensgefahr mit Erfolg geschehen kann.

Jeder Bergarbeiter hat seinem Vorgesetzten sofort Anzeige zu erstatten, wenn er eine drohende Gefahr für Personen oder für die Grube bemerkt.

X. Grubenbilder.

§ 140.

Die regelmäßige Nachtragung der Grubenbilder (gemäß Art. 73 des B. G.) muß bei jedem in Betrieb stehenden Bergwerk ebenso auch bei den unterirdischen Steinbrüchen und Gräbereien mindestens jährlich, bei den Steinkohlengruben aber halbjährlich stattfinden.

Der Berginspektor ist befugt, bei einzelnen Gruben für die periodische Nachtragung des Grubenbildes sowohl längere Fristen zu gewähren, als auch kürzere Fristen zu bestimmen.

Hiedurch wird die Befugniß des Berginspektors, im sicherheitspolizeilichen Interesse die sofortige Nachtragung der Grubenbilder im einzelnen Falle anzuordnen, nicht ausgeschlossen.

§ 141.

Bevor unterirdische Baue durch den Abbau oder in Folge anderer Betriebsanordnungen unzugänglich werden, müssen dieselben markscheiderisch aufgenommen sein. Insbesondere ist Abbau an Markscheiden und Sicherheitspfeilergrenzen nur nach vorhergegangener genauester Kartirung der in Betrieb kommenden Grubenbaue gestattet.

§ 142.

Wenn auf einer Grube der Betrieb eingestellt wird, muß vorher die vollständige Nachtragung des Grubenbildes erfolgen und eine kurze Grubenbeschreibung hergestellt werden.

Der Bergwerksbesitzer bezw. dessen gesetzlicher Stellvertreter ist für die Ausführung dieser Bestimmung verantwortlich.

§ 143.

Der Betriebsführer ist dafür verantwortlich, daß dem Markscheider bei Aufnahme und Nachtragung der Grubenbaue nichts, was auf dem Grubenbilde zur Darstellung gelangen muß, verheimlicht wird.

Unzugängliche Baue sind ihrer Lage nach so gut als möglich dem Markscheider zur Bezeichnung anzugeben.

§ 144.

Der Betriebsführer hat dem Markscheider bei seinen Aufnahmen die verlangte Hilfeleistung sowie die Begleitung durch einen ortskundigen Grubenbeamten zu gewähren und diejenigen Anordnungen im Betrieb zu treffen, welche zur vollständigen und rechtzeitigen Ausführung der Messungen nothwendig sind.

§ 145.

Die Markscheiderstufen (Anhalts- oder Festpunkte in der Grube oder über Tag), welche vom Markscheider ausdrücklich als zur Verwahrung geeignet dem Betriebsleiter bezeichnet und im Zechenbuch vorgemerkt worden sind, dürfen in keiner Weise beschädigt oder verändert werden.

Im Falle einer durch unvermeidliche Ursachen erfolgten Beschädigung muß dem Markscheider sofort entsprechende Mittheilung gemacht werden.

XI. Schlußbestimmungen.

§ 146.

Der Eintritt in die Bergwerke und Aufbereitungsanlagen, in die Schachtgebäude sowie in alle Räumlichkeiten über oder unter Tags, in denen Maschinen, Dampfkessel oder andere Betriebsvorrichtungen aufgestellt sind, ist außer den bei den betreffenden Betriebszweigen beschäftigten Personen, den Werksbeamten und den Organen der Bergbehörde nur den mit amtlichen Fahrscheinen versehenen Personen sowie denjenigen gestattet, welche von der Betriebsleitung hiezu die Erlaubniß erhalten haben.

Solchen Personen muß bei Besichtigung der Anlagen in der Grube wie über Tag ein sachkundiger Führer mitgegeben werden.

Das Betreten der Werkplätze, der Anlagen sowie der Betriebsgeleise, der Böschungen, Berg- und Aschenhalden durch Unbefugte ist verboten. Das Verbot ist durch Warnungstafeln ersichtlich zu machen.

Wenn der Bergwerksbesitzer bestimmten Personen das Betreten der Berghalden zum Zwecke des Aufsammelns von Kohlen, Braschen und sonstigen Abfällen gestatten will, so ist er verpflichtet, die Beschäftigung jener Personen zu überwachen und die hiezu angewiesene Aufsichtsperson mit der erforderlichen Instruktion zu versehen.

XII. Strafbestimmung.

§ 147.

Zuwiderhandlungen gegen die vorstehenden Bestimmungen werden gemäß Art. 231 Abs. 1 und 2 des Berggesetzes mit Geldstrafe bis zu dreihundert Mark und im Unvermögensfalle mit Haft bestraft.

Schlußbestimmung.

§ 148.

Vorstehende Vorschriften treten mit dem 1. Oktober 1900 in Kraft. Vom gleichen Tage an werden die Bestimmungen der Bekanntmachung vom 10. August 1869, die Verhütung von Gefahren für Personen und Eigenthum bei dem Bergbau betreffend (Regierungsblatt 1869 S. 1497 u. folg.) außer Wirksamkeit gesetzt.

München, den 30. Juli 1900.

Dr. Frhr. v. Feilitzsch.

Inhalts-Verzeichniß.

Die Zahlen bedeuten die Paragraphen.

Abbaugenehmigung f. Schachtpfeiler 10
Abdämmung bei Brandgefahr 65
Abfallsammeln, Instruktion . 146
Ablagerung von Materialien, sichere 15
Abortanlagen in der Grube . 135
Abraum, Lagerung 105
Abschluß, luftdichter, verlassener Strecken 74
Abschlüsse der Fördertrümmer 46
Absperren von Arbeitspunkten 64
Absperrung gefährlicher Betriebsörter 75
Abtreibzimmerung 112
Abwässer, deren Klärung . . 9
Alter Mann, Vorbohren bei Durchschlägen 17
Anordnungen, besondere, für das Befahren von Förderstrecken 40
Anschlag der Fahrordnung . 37
— der mit Fahrbahnrevision betrauten Personen . . . 37
— der Signalordnung . . . 50
Anschläger, Zutheilung von Haken 43
Anseilen der Arbeiter . . . 113
Anzeige des Betriebsbeginns 1
— der Betriebseinstellung . . 1
— von Grubenbränden . . 20
Arbeiter . . . . 129—139
— fremdsprachige 133
— jugendliche, Verbot der Beschäftigung unter Tage . . 132
— Ausnahmen 132
— vermißte, Nachforschungen . 134
Arbeiterlisten 132
Arbeitsanweisung, entsprechende 130
Arbeitsdauer an heißen Oertern 117
Aufbereitungsanstalten . . . 9
Aufsatzvorrichtungen an Hängebänken und Sohlen . . . 47
Aufsichtspersonal 23
— Pflicht der Befahrung . . 116
Aufzüge, selbstthätige Verschlüsse 126
— Sicherung 3
Aushang der Namen von Sprengstoffverwaltern ꝛc. . 79
Auslaufbahnen, Bremsvorrichtung 60
Aussetzen der Förderung . . 114
Ausweichestellen auf Strecken zur Fahrt und Förderung 40

Baue, alte, Grenzlösung . . 16
— unzugängliche, Lagebezeichnung im Grubenbilde . . 143
Beaufsichtigung der Ein- und Ausfahrt 34

Befahren von Förderabtheilungen 39
— der dazu bestimmten Strecken 23
— der übrigen Strecken . . 23
— von Uebersichbrechen . . 39
Beförderung von Holz und Maschinentheilen beim Abteufen 45
Belegung eines abgelegenen Baues 116
Beleuchtung der Füllörter . . 43
— — Hängebänke 43
— — Schutzstrecken 109
Bergarbeiter, Arbeitsbelehrung 131
— Gesundheitszeugniß . . . 129
— Kenntniß der gesetzlichen Vorschriften 131
— — d. Sicherheitsvorschriften 131
Berginspektion 1, 5, 11, 17, 18 20, 22, 29, 30, 31, 36, 58, 63 66, 67, 75, 77, 91, 104, 132, 137
Bergwerksbesitzer, Obliegenheiten bei Senknngen und Tagebrüchen 6
Betretungsverbote 6
Betriebsführer, Verantwortlichkeit für Vollständigkeit der Grubenbilder 143
Betriebsleitung 36
Betriebsmaschine, Signal zur Abstellung 123
— Vorschriften 123
Betriebsplan 5, 17
Betriebssicherheit übereinander liegender Arbeitsstellen . . 107
Brandausbruch, Verhütung der Fortpflanzung 19
Brandfelder, Sicherheitsmaßregeln bei der Oeffnung . 65
Braunkohlengruben, gleichzeit. Angriff mehrerer Brüche . 110
Bremsberg, Betreten während der Förderung verboten . 55
— Einmündung in Förderstrecken. 51
— Einrichtung 52
— Zugänge 53
— Verschlußvorrichtungen . . 53
Bremsschachtbetrieb, Anordnungen 54
Bremsschächte, zweiflügliche doppelte Fahrabtheilungen . 38
Bremswerke, Konstruktion . . 51
Bühnen, schwebende, Genehmigung 114

Dienstanweisung für Schießmeister 91
Dochtstücke, brennende . . . 20
Drahtseilfahrten als Provisorium 27
Durchschläge in unzugängliche alte Baue 17

Einfriedigungen 2
Einstellung des Betriebs wegen fehlenden Sicherun;smaterials 18
— der Förderung während Befahrungen 39
Eintrittserlaubniß 146
Eisenbahnen, Gefährdung von 5
Elektrische Leitungen Schutzvorrichtungen 128
Enteignungsverfahren 7
Entfernung übereinander liegender Flötze 108

Fahrabtheilungen, sicheres Befahren 38
Fahren auf beladenen Fördergefäßen 30
— auf dem leeren Förderkorb 30
Fahrordnung, Anschlag . . . 37
Fahrschächte, zweckdienl. Ausrüstung 24
Fahrten, flache, Anbringung von Handstangen 27
— nicht fest eingebaute . . . 24
Fahrtenschacht, leichte Erreichbarkeit 21
Fahrung . . . . 21—40
Feuer, leichtsinniges Gebahren mit Feuer 20
Feuerlöschvorrichtungen . . . 19
Feuermachen, verbotenes . 20, 69
Feuerungsanlagen, unterirdische, Behandlung 20

Firstenbaue 107
Fluchtweg bei gefährl. Grubenbauen 17
— Freihalten 110
— gesicherte Verbindung . . 110
— Sicherung 64
Förderabtheilungen, sicheres Befahren 39
Fördergerüste, obertägige Untersuchung 60
Förderkorb, Wiedereinrichten bei Entgleisung 56
Fördermaschine, Betrieb . . 33
— Sicherheitsvorrichtungen . 48
Fördermaschinenschächte, Abschlüsse 46
Förderschacht-Arbeiten . . . 115
— -Untersuchung 11
— -Mündungen, erforderliche Einrichtung 43
Förderstrecken, Verkehrssicherheit 13
Fördertonnen 47
Fördertrümmer, Abschlüsse . 46
Förderung . . . . . 41—60
— in Treibschächten 50
Führer für Besucher 146
Füllörter 43
Füllung der Fördergefäße beim Abteufen 44
Fußbühnen, doppelte . . . 114

Gebäude, Gefährdung derselben 5
Gefahranzeige 139
Gefährdung des Verkehrs . . 5, 6
Genehmigung, bergbehördliche 72
— der Seilfahrt 31
Gewässer, öffentl., Einleitung von Abwässern 9
Gezähstücke, Mitnehmen verboten 29
Grubenbaue, Lösung gefährl., Anzeige 17
— unzugängliche, Durchschläge 17
— verlassene, Verbot des Betretens 62, 63
— Absperrung 63
Grubenbilder . . . . . 140—145
Grubenbilder, Nachtragung . 140
— — bei Einstellung des Betriebes 142
Grubenbrand, Anzeige . . . 20
Grubenlichter, Behandlung . 20
Grubenwasser 9
Grundstücksbesitzer, deren Benachrichtigung bei Senkungen ꝛc. 6
— Zustimmung beim Zubruchebauen 7

Halden, brennende, Absperrung 8
Haldenbrände 8
Handförderung, Vorschriften . 57
Handventilatoren 73
Hängebank, Ueberragen der Fahrt 26
Haspelförderung, Einrichtung 42
Haspelschächte, Benützung zur Fahrt 30
— erforderliche Einrichtung . 42
Hauerarbeiten . . . . 96—118
— Befähigung 132
Hauptschächte, regelmäßige Untersuchung 11
Herablassen schwerer Stücke, Vorsichtsmaßregeln . . . 45
Hereinbrechen des Gesteins, Sicherung gegen 12
Holzpantoffeln, Genehmigung zur Benützung 29

Inkrafttreten der Vorschriften 148
Instruktion für die Revision der Fördereinrichtungen . 36

Kartirung 141
Kleider, wasserdichte 118
Krankenfürsorge-Einrichtungen 136

Laufbrücken, Konstruktion . . 60

Mannschaftsbäder 135
Mannschaftsförderung durch Seilfahrt 31
Mannschaftsstube 135
Markscheider 16

Markscheiderstufen, Erhaltung 145
— Anzeige der Beschädigung 145
Maschinen, Betriebsvorschriften . . 123, 124, 125
Maschinenanlage, Anzeige . . 120
— Bau- und Betriebsvorschriften 120
— im Grubengebäude . . . 120
— und Taganlagen . . 119—128
Maschinenbetrieb, Sicherheitsvorkehrungen 119
Maschinenpersonal, Kleidung . 121
Maschinentheile, bewegte, Schutzvorrichtungen . . . 122
Messungen, Hilfeleistung . . 144
Mitnehmen von Gezähstücken verboten 29

Nichtbenützte Baue, Verschluß 14

Objekte, brandgefährliche . . 19

Pferdeförderung, Vorschriften 58
Prüfung der Förderseileinrichtung 32
Pumpen, Einbau 45

Rauben der Zimmerung, besondere Vorschriften . . . 111
Reinhaltung der Fahrschächte 29
Revision der Fördereinrichtungen 36
Ruhebühnen in Fahrschächten 25
— Ueberragen der Fahrt . . 26
Ruhesitze in Fahrschächten . . 25

Schachtabteufen, Sicherung gegen herabfallende Gegenstände 44
Schachtanlage, Sicherung . . 10
Schachtbuch, Führung . . . 35
Schachtdeckel 47
Schächte, Verwahrung . . . 13
Schachtleitungen, Untersuchung 35
Schachtöffnungen, Sicherung . 3
Schacht-Revisionen 11
— — -Buchführung 11
Schießen 2
— Bedienung 116
Schießkiste 96
— Untersuchung 97
— Verschluß 97
Schießmeister, Bestellung . . 91
Schlacken, glühende, Ablagerung 8
Schlagwetter-Anzeige . . . 67
— -Freiheit 68
— -Grube, Bezeichnung . . 68
— — Sicherheitsvorschriften . 104
— — Erlassung von Spezialvorschriften 77
— Revision älterer Vorschriften 77
— Untersuchung auf . . . 75
— verdächtige Baue . . . 64
Schrämarbeiten, Sicherung . 106
Schußsichere Stellen, Anweisung 101
Schutz der Oberfläche . . 1—9
Schutzvorrichtungen 126, 127, 128
Seilbahnuntersuchung . . . 35
Seilfahrt, Genehmigungsgesuch 31
— Sicherheitsmaßregeln . . 31
Seilfahrtanlagen 48
Seilgeschwindigkeit 49
Seilkorb, Höhe der Bordrände 49
Seilstärke 49
Selbstentzündung von Füllmassen 20
— Verhütungsmaßregeln . . 65
Sicherheit der Fahrenden bei Doppelverwendung der Schächte 28
Sicherheitslampen, Gebrauchsvorschriften 69
— Vorrat 67
Sicherheitsmaßregeln bei Seilfahrt 31
Sicherheitspfeiler, Abbau . 4, 16
Sicherheitsvorschriften für Schlagwettergruben . . . 104
Sicherstellung der Nachbarbaue 17
Sicherung der Grubenbaue 10—20
— gegen Hereinbrechen von Gestein und Kohle . . . 12
Signalordnung 50
— Anschlag 50
Signalvorrichtungen . . . 51

Signalvorrichtungen in Förderschächten 43
— bei Maschinenförderung . 59
Sohle, Neuanlage, Verbindung mit Tagausgang 22
Spezialvorschriften für Schlagwettergruben 77
Sprengarbeiten, Warnung der Passanten 2
Sprengschüsse, Behandlung der Versager 103
— Laden, Anzünden und Besetzen 99
— Vorschriften für Laden und Besetzen 100
— Vorschriften für das Abbrennen 102
Sprengstoffe 78–95
— Begriff 78
— getrennte Aufbewahrung . 98
— Aufbewahrung an der Verbrauchsstätte 96
— Aufbewahrungsraum . . 83
— — Benutzungsgenehmigung 83
— Bearbeitungen, Feuer-, Licht- und Rauchverbot . . 80
— Beförderung im Schachte . 90
— Behälter für Transport . 93
— Behandlung 92
— Behandlung gefrorener . 87
— Besitzberechtigung . . . 81
— brisante 78
— Buchführung 82
— Einrichtung kleinerer Magazine 88
— -Magazin, Anlage . . . 86
— — Vorschriften über Lagermengen 86
— verbotene Mitnahme . . 81
— Polizeierlaubniß zum Bezuge 78
— Rücklieferung nicht verwendeter 95
— Transport 80
— Transportvorschriften . . 89
— Uebergabe an Ablösung . 95
— bedenkliche Veränderungen 87
— Verausgabung . . . 91, 93
Sprengstoffe, Verbot der Annahme und Abgabe . . . 95
— Verwaltung 79
— Vorschriften für Aufbewahrungsräume . . . 84
— Vorschriften für Hauptmagazine 85
Steigbäume als Provisorium 27
Stollen, Verschluß bei Nichtbenützung 14
Strafbestimmung 147

Tagausgänge, doppelte Anzahl 22
— Anzeige des Verlorengehens oder Aufgebens 22
— erforderlicher zweiter . . 22
Tagebaue, Einfriedigung . . 2
Tagebrüche 6
Tageinbaue bei Schlagwettergruben 70
Tagschächte, Ueberbauung . . 14
Thermometer, Aufstellung . . 117
Transmissionen, Schutzvorrichtungen 122
Transmissionsbetrieb, Signal des Beginns 123

Ueberhänge, gefahrdrohende . 12
Ueberhängen der Fahrten . . 24
Unfahrbarwerden eines Ausganges 22
Unfallanzeige 137
Unglücksfall, Beschreibung . . 137
— Lokalerörterung 138
Unterschrämen, Verbot . . . 105
Untersuchungen im Förderschachte 115
— der Hauptschächte . . . 11

Ventilationsmittel 73
Verbindung von Förderseil und -Korb 41
Verbot des Betretens, Anschlag 146
— des Feuermachens . . . 20
— des Oeffnens von Sicherungsverschlüssen . . 13
— des Zutritts zu nichtbenützten Bauen 14

Verkehrsgefährdung . . . 5, 6
Verleselisten, Aufbewahrungsort 134
Verletzungen, Anzeige . . . 137
Vermißte, Nachforschungen . 134
Verschlämmen der Grubenbaue 110
Verschlüsse, selbstthätige, für Fördertrümmer 46
Verunglückung, schwere . . 138
— Hilfeleistung 139
Verwahrung von Schächten, Gesenken, Licht- und Rolllöchern, Bremsbergen 2c. . 13
Vorbohrbetrieb, Aufzeichnungen 17
Vorbohrung an gefährlichen Betriebspunkten 75
Vorsichtsmaßregeln bei Einstellung des Betriebes . . 6

Warnungstafeln . . 6, 8, 14, 146
Wasserreservoire, Gefährdung derselben 5
Wege, Absperrung bei Sprengarbeiten 2
— öffentliche, deren Gefährdung 5
Weibliche Personen, Verbot der Beschäftigung unter Tage . 132
Wetterbetriebsplan 66
Wetterführung . . . 61—77
— ständige Beaufsichtigung 75, 76
— Betriebsvorschriften 71, 72, 73
Wetterproben-Untersuchung . 66
Wetterthüren, Behandlung . 74
Wetteruntersuchung 64
Wetter, Verschlechterung durch Leuchtstoffe 61
— Versorgung mit frischen . 61
Wetterversorgung, gestörte . 62
— unzulässige 70
— genehmigungsbedürftige . 70
Wetterwechsel, Veranlassung durch brennende Stoffe . . 20
Wetterzug, Aenderungen . . 76
— künstliche Einrichtung . . 61
Wiederherstellung von Sicherungsverschlüssen . . 13

Zechenbuch 79, 91
Zechenstube 135
Zubruchebauen 7
Zubruchgehen, vorzeitiges . . 109
Zurückziehung der Mannschaft bei schlechten Wettern . . 62

Müller, Dr. G., kgl. Amtsrichter in München, und **Meikel, Gg.,** kgl. Amtsrichter in Nürnberg. **Das Bürgerliche Recht in seiner neuen Gestaltung.** Systematisch dargestellt und durch Beispiele erläutert. 2 Bde. 1368 Seiten. Elegant gebunden **Mk. 15.—.**

Dieses Werk zeichnet sich vor anderen ähnlicher Tendenz durch die Reichhaltigkeit des Inhalts, durch die bei aller Knappheit klare und gemeinverständliche Sprache und nicht zum Wenigsten dadurch aus, daß auch das Verständnis schwieriger Rechtsverhältnisse durch eine Fülle von Beispielen erleichtert wird.

Empfohlen im Amtsblatt des k. Staatsministeriums des Innern Nr. 3 vom 25. Jan. 1900, desgleichen im Justizministerialblatt Nr. V vom 31. Januar 1900.

Hartmann, Karl, Inspektor und Vorstand des städtischen Arbeitsamtes München. **Die gemeindliche Arbeitsvermittlung in Bayern.** Mit besonderer Berücksichtigung der Verhältnisse bei dem städtischen Arbeitsamte München. gr. 8° (8 Bogen). Mit vielen Tabellen. 1900. **Mk. 3.—.**

Im Amtsblatt des k. Staatsministeriums des Innern Nr. 37 v. 1. August 1900 wird die Anschaffung dieses Werkes dringend empfohlen.

Oelhafen, S. von, k. Oberamtsrichter. **Das Dienstbotenwesen in Bayern** nach dem Bürgerl. Gesetzbuche und dem bayer. Ausführungsgesetze hiezu, unter Berücksichtigung der einschlägigen Gesetze. Mit ausführlichem Sachregister. 1899. In Ganzleinen gebd. **Mk. 1.50.**

Empfohlen im Amtsblatt des k. Staatsministeriums des Innern vom 29. November 1899, desgl. im Justizministerialblatt Nr. XV vom 8. Dezember 1899.

Roth, Dr. Chr. Sonntagsfeier und Sonntagsruhe in Bayern unter Berücksichtigung der einschlägigen Gesetze und Verordnungen ꝛc. 8° (VIII u. 176 Seiten). 1899. Kart. **Mk. 2.50.**

Empfohlen im Amtsblatt des k. Staatsministeriums des Innern Nr. 30 vom 31. Juli 1899, desgl. im Justizministerialblatt Nr. XI vom 21. August 1899.

Druck von Franz X. Seitz in München.

FSC
www.fsc.org
MIX
Papier | Fördert gute Waldnutzung
FSC® C083411

Kolibri 360 GmbH
Ferdinand-Jühlke-Straße 7
99095 Erfurt, Deutschland
produktsicherheit@kolibri360.de